AF326008

STÉNOGRAPHIE

DES COURS.

SEMESTRE D'ÉTÉ.

ANNÉE SCOLAIRE 1835—1836.

COURS

DE MÉDECINE LÉGALE.

M. ADELON, PROFESSEUR.

PREMIÈRE LEÇON.

6 avril 1836.

La médecine, à proprement parler, n'est point une science unique; elle est formée de la réunion de plusieurs sciences qui s'occupent de la recherche et de l'application des moyens les plus propres à maintenir la santé de l'homme, ou à la rétablir lorsqu'elle est altérée.

Adelon.　　　　　　　　1

Pour le prouver, traçons un rapide tableau des diverses branches dont l'ensemble constitue la science appelée médecine. 1° Le premier besoin du médecin est la connaissance des différentes parties qui composent le corps humain, la connaissance exacte de sa structure; c'est là l'objet de l'*anatomie*. 2° Après elle, vient se placer la connaissance du jeu de ces parties, de leur mode d'action, du mécanisme par lequel elles accomplissent les fonctions qui leur sont assignées; la science qui s'en occupe est la *physiologie*. 3° Une troisième science est formée par la *pathologie*, qui est la connaissance des altérations, des lésions que peuvent éprouver les parties composant le corps humain. 4° Comme ce n'est pas dans un vain but que l'on étudie la médecine, il ne suffit pas de connaître ces altérations; il faut, de plus, apprendre les moyens les plus propres à employer pour les guérir; c'est la *thérapeutique* qui nous les enseigne. Cette dernière science comprend deux branches de la médecine également importantes, la *matière médicale* et la *pharmacie* : la première nous apprend à connaître les médicamens, quelle influence ils exercent sur l'économie animale, et de quelle manière il faut les administrer; la deuxième nous apprend non seulement à les connaître, mais de plus à les préparer, à les conserver, et surtout à les combiner. A la thérapeutique, se rattache encore l'*hygiène*, qui s'occupe des précautions propres à maintenir l'homme dans l'état de santé. Ajoutons encore à cela les opérations, qui sont les agens de la théra-

peutique. Voilà déjà quatre sciences bien différentes dans l'ensemble de la médecine ; il faut aussi
y joindre trois autres sciences accessoires, la *chimie* , la *physique* et l'*histoire naturelle* : la physique nous donne la connaissance des propriétés
naturelles des corps et de leurs actions récipro-
ques ; elle nous explique les phénomènes vitaux,
tels que la vision, l'acoustique, etc., qui, sans elle,
ne seraient pas compris ; la chimie nous guide
dans la connaissance de la composition des corps,
elle détermine leur action , les moyens de reconnaître leur nature et de les obtenir à leurs différens
états. Mais ce n'est pas notre objet de prouver l'importance de ces sciences ; leur grande utilité est
assez reconnue, pour que nous puissions dire qu'elles sont de première nécessité pour le médecin.

Voilà donc sept grandes sciences concourant à
former l'ensemble des connaissances médicales ;
ces connaissances étant acquises , on est parvenu
au but de la médecine, qui , nous le répétons, est
la science qui nous apprend les moyens de maintenir la santé de l'homme , de le guérir, ou au
moins de le soulager, lorsqu'elle est altérée.

Nous n'avons pas encore nommé l'objet spécial
de notre étude, la *médecine légale*. C'est l'application de toutes les connaissances médicales à un
but unique ; cette science est destinée à éclairer les
autorités législatives et judiciaires dans l'administration de la justice.

Cette science, appelée d'abord par les anciens
médecins *forensis* , reçut ensuite cette définition :

l'*art de faire des rapports;* on juge par là combien alors elle avait peu d'étendue; M. Fodéré dit que c'est *l'art d'appliquer les diverses branches principales et accessoires de la médecine à l'établissement des lois et à leur exécution.*

M. Prunelle l'appelle *l'ensemble systématique des sciences médicales qui peuvent guider les magistrats dans l'institution et l'administration des lois.* Enfin, M. Devergie la définit, en disant que c'est *l'art d'appliquer les documens que nous fournissent les sciences physiques et médicales à l'administration de quelques lois.*

D'après notre définition, la médecine légale a deux buts distincts : le premier, d'éclairer les autorités législatives dans l'institution des lois; le second, de diriger les autorités judiciaires dans l'administration de la justice. C'est ce que nous allons essayer de prouver.

1° Les lois fixent les droits et les devoirs de chacun dans la société; elles les ont variés, suivant les plus ou moins grandes facultés des individus, suivant leur âge, leur sexe; l'appréciation de ces diverses facultés, de ces diverses positions, ne pouvait guère être bien faite sans le concours du médecin; car, par exemple, la loi établit un âge jusqu'auquel l'homme est soumis à un chef de famille, à un tuteur; or, ce n'est que par la connaissance des sciences médicales que l'on est à même de justement apprécier l'âge auquel un homme peut se suffire à lui-même, auquel il peut se conduire par ses seules facultés; de même, dans l'institution du mariage, il est nécessaire de connaître à quel âge un homme est capable de se reproduire; puis, l'homme ne jouit pas toujours au même degré de ses facultés ; il fallait donc pouvoir fixer dans quels momens de sa vie ses droits et ses devoirs devaient changer. Les femmes ont été déclarées par la loi inaptes à remplir des emplois, etc. Une bonne appréciation physiologique pouvait seule fixer avec sagesse la nécessité d'établir de telles lois. Il en est de même pour celles qui exemptent du service militaire, dans certaines circonstances ; pour celles qui prononcent l'interdiction d'un individu et son inaptitude à remplir certaines fonctions.

Nous l'avons dit, les lois sont destinées à indiquer les droits et les devoirs de chaque individu ; la législation doit donc être fondée sur la nature humaine; or, cela ne saurait avoir lieu sans le secours de la médecine; nous croyons l'avoir suffisamment prouvé.

Cherchons maintenant à justifier aussi le second but que notre définition attribue à la science dont nous entreprenons l'étude.

2° Il est une foule de cas de jurisprudence civile et criminelle, où le juge ne peut appliquer la loi avec connaissance de cause, sans l'aide du médecin. Ainsi, un enfant naît dans un état de mort apparente, puis bientôt il meurt en effet : il s'agit de savoir s'il est né vivant et viable, vu que s'il n'est pas né viable, il est regardé comme n'étant pas venu au monde, il n'a pas pris rang dans la famille; cette question est de la plus grande importance; elle règle l'ordre des successions; pour la décider, le magistrat ne sera-t-il pas obligé de recourir aux connaissances du médecin ? — Prenons un autre exemple : un homme prend un aliment, bientôt après il est saisi de nausées, de vomissemens que suit bientôt une mort rapide. — C'est là un fait tout de médecine ; car pour bien apprécier et reconnaître cet empoisonnement, il sera nécessaire de faire des recherches anatomiques, physiologiques et chimiques, afin de voir quels tissus, quels organes ont été attaqués et altérés, et par quelle substance ils l'ont été. Il est encore une foule de faits analogues; mais nous pensons avoir, par ces courtes observations, démontré clairement que la médecine est, dans beaucoup de cas, appelée à guider l'autorité dans l'administration de la justice.

Quelques médecins ont voulu rendre le champ de la médecine légale encore plus vaste, en lui rapportant tout ce qui rentre dans l'hygiène publique. Il est vrai que dans cette dernière science il se trouve plus de mille points intimement liés à la médecine; par exemple, en choisissant, sans discernement, un lieu de réunion pour un grand nombre d'hommes, on aurait bientôt à craindre une épidémie ; en bâtissant une ville dans un lieu malsain, on serait exposé à une endémie perpétuelle. Les avis des médecins seront aussi pris en considération, lorsqu'on fixera le régime à introduire dans les casernes, les prisons, sur les vaisseaux, de même que pour les précautions à prendre pour la vente et l'achat des comestibles, pour l'emplacement des cimetières, etc. En joignant l'hygiène publique à la médecine légale, on pourrait diviser celle-ci en deux parties: la médecine légale privée, renfermant tous les conseils dont nous venons de parler, et la médecine légale publique, se rapportant aux lois : mais maintenant on les sépare comme deux sciences distinctes.

Ainsi restreinte, la médecine légale n'en a pas moins un champ assez vaste; cette science exige l'universalité des connaissances médicales; il n'en est aucune branche qui ne soit absolument nécessaire. Dans bien des cas, plusieurs d'entre elles doivent être simultanément employées : la chimie surtout rend de grands services à la médecine légale, en lui fournissant les moyens de reconnaître les poisons.

DEUXIÈME LEÇON.

7 avril 1836.

Nous avons dit que la médecine légale exige l'universalité des connaissances médicales ; en effet, un médecin étant appelé à faire un rapport dans un cas de blessure, ne devra-t-il pas nécessairement connaître d'abord l'anatomie, pour pouvoir s'assurer des organes lésés ; puis la médecine opératoire pour juger des suites de cette blessure ? ne devra-t-il pas aussi pouvoir décider si le traitement appliqué, l'a été de la manière la plus convenable ? et, dans les questions d'empoisonnemens, le médecin ne doit-il pas posséder les notions les plus étendues en histoire naturelle, pour s'assurer par quel règne a été fourni le poison ? de hautes connaissances chimiques lui seront aussi nécessaires, pour qu'il puisse retrouver dans letoute l'économie, ce poison qui le plus souvent ne se présente à l'analyse qu'en très petite quantité ; ces connaissances ne devront-elles pas être des plus grandes, surtout lorsqu'il s'agira de découvrir des traces de poison dans un cadavre dès long-temps inhumé, dans un corps qui aura déjà, comme cela

s est vu, passé treize ans dans la terre? De même
que les questions de blessures sont toutes du ressort
de la chirurgie et exigent sa connaissance complète,
de même aussi, les questions de maladies simulées
sont du ressort de la médecine interne. Le médecin légiste doit aussi avoir des notions assez étendues de jurisprudence civile et de jurisprudence
criminelle, car il est bien des faits, dans la médecine légale, qui appartiennent autant au légiste
qu'au médecin. Nous croyons avoir prouvé suffisamment, par ces courtes considérations, le besoin
de l'universalité des connaissances médicales pour
le médecin légiste. M. Devergie l'a étendu même
aux connaissances physiques; nous croyons cependant que c'est trop demander, et qu'il faut laisser
au physicien, le soin de décider de plusieurs questions qui sont plus spécialement de son ressort que
de celui des médecins. Non seulement on exigera
du médecin légiste l'universalité des sciences
médicales, mais encore ce sera très fréquemment
sur les points les plus transcendans de ces sciences
qu'il sera appelé à juger : ainsi, il sera souvent
dans le cas de faire des applications de l'anatomie à toutes les époques de la vie ; il devra connaître dans quel état doit se présenter telle ou
telle partie du corps humain suivant ses différens
âges ; il devra surtout posséder, à un point très
élevé, la connaissance de l'embryologie ; chose
qui n'est pas rigoureuse pour le médecin qui
se voue à la simple pratique de l'art de guérir. Il
doit encore connaître la marche de la décomposi-
tion d'un cadavre placé dans la terre ; nous ver-

rons cela dans le chapitre des exhumations ; des
connaissances d'anatomie comparée, d'art vétéri-
naire, pour ainsi dire, lui sont encore nécessaires ;
voici un exemple qui en fera sentir toute l'importance : on trouve un morceau de chair sur la voie
publique ; un crime a-t-il été commis ou non ? il faudra pouvoir reconnaître si ces débris de chair appartiennent à un corps humain ou à celui d'un ani-
mal. — Dans la simple médecine pratique, des
notions, en quelque sorte, élémentaires de chimie
sont suffisantes, tandis que, comme nous l'avons déjà
fait observer, le médecin légiste aura fréquemment
à faire l'analyse d'un poison qui souvent ne se
présentera qu'en atômes, maintes fois incorporés
au tissu même des organes.

Enfin le médecin légiste doit établir un pronostic et un diagnostic, et pour cela, il a bien moins
de ressources que dans la médecine pratique habituelle ; car l'on exige de lui beaucoup plus de pré-
cision ; il doit exprimer nettement ce qu'il pense,
fixer la mesure de probabilité qu'il attache à son
opinion ; c'est toujours sur la cause même qu'il
est appelé à décider, ce qui bien souvent n'arrive
pas en médecine pratique. Ici le médecin peut s'aider dans son diagnostic et dans son pronostic, de
quelques renseignemens pris auprès des malades ; le
médecin légiste doit au contraire se défier de cette
espèce de renseignemens ; c'est par d'autres élé-
mens qu'il doit résoudre les questions qui lui sont
soumises.

Maintenant nous devons nous demander dans

quel ordre nous traiterons les questions diverses qui font l'objet de notre étude. Il n'en est pas de la médecine légale, comme des autres sciences médicales, dans lesquelles il y a un ordre scientifique obligé, duquel on ne peut s'écarter, sans courir le risque de manquer le but de son étude; ainsi, dans la chimie, où l'on étudie d'abord les corps simples, avant de passer aux corps composés, etc. Il ne peut pas en être de même en médecine légale, où toutes les questions sont distinctes, sans que les unes dépendent des autres ; ainsi, quel rapport existe-t-il entre les lois établies sur la considération de l'âge, et celles établies sur la considération du sexe? Si nous interrogeons les divers auteurs qui se sont occupés de cette science, nous verrons que tous ont reconnu l'inutilité et l'impossibilité d'établir un ordre. Ainsi, l'on voit par le programme des cours donnés à l'École de santé en 1795, que la médecine légale y fut étudiée dans un ordre tout arbitraire. C'est aussi de cette manière que la professa Mahon, le premier qui donna un cours de cette science à la Faculté de Paris. Messieurs Orfila, Briand et Sédillot ont aussi, dans leurs ouvrages, suivi un ordre tout artificiel. Enfin; M. Devergie dit aussi qu'il n'y a aucun moyen d'établir une classification en médecine légale, vu que ce qui sert à trancher une question, ne sert jamais pour en résoudre une autre.

Quelques auteurs cependant ont eu une opinion contraire, et ont cherché à faire des classifications, en prenant pour base, tantôt la législation, tantôt les sciences médicales. Les Allemands ont presque toujours suivi ce dernier ordre. Ces classifications ont souvent le désavantage d'éloigner des questions qui ont quelques rapports entre elles, et d'en rapprocher d'autres qui n'en ont aucun.

Parmi les auteurs qui nous ont donné des classifications, nous citerons Messieurs Foderé, professeur à Strasbourg, et Royer-Collard. Le premier en a établi deux différentes : l'une que l'on trouvera dans son grand ouvrage de médecine légale, publié en 1813, l'autre insérée en 1818 dans le Dictionnaire des Sciences Médicales.

TROISIÈME LEÇON.

9 avril 1836.

Monsieur Royer-Collard divisait la médecine légale en trois classes : 1° Médecine légale criminelle, 2° Médecine légale civile, 3° Médecine légale mixte. Dans la première classe, il rangeait toutes les questions qui se rattachent aux délits punis par les lois. Il en formait deux sections: 1° Attentats contre la vie, 2° Attentats contre les mœurs. Dans la première se trouvaient les questions d'homicide et d'infanticide ; comme l'homicide peut être accompli par divers moyens, il subdivisait ces questions, selon que le crime était commis par cause externe, comme par strangulation, par suspension, etc., ou par cause interne, comme par asphyxie, par empoisonnement, etc. Quant à l'infanticide, il y rapportait l'avortement, la suppression de part, et la supposition de part. Voilà pour la première section des attentats contre la vie. Dans la deuxième section, traitant des attentats contre les mœurs, étaient placés les crimes de viol et de défloration. Dans la deuxième classe, ou médecine légale civile, il rangeait les questions relatives à la naissance, au mariage et à la mort ; mais comme le mariage donne lieu à la grossesse, à l'accouchement, M. Royer-Collard ajoutait ces deux dernières questions à celle de la naissance. Les questions particulières placées sous chacun de ces groupes, étaient pour celle du mariage: des divers états qui peuvent rendre le mariage impossible, ainsi de l'hermaphrodisme; des états qui peuvent le rendre dangereux pour l'un ou l'autre des deux époux ou pour tous les deux. Dans la question de la grossesse, il parlait des grossesses vraies, supposées, altérées, de la superfétation. Relativement à l'accouchement, il séparait les questions qui concernent la femme qui accouche, de celles concernant l'enfant dont elle accouche, puis il traitait les questions concernant les deux. Exemple des premières : quand l'accouchement a-t-il eu lieu ? Exemple des deuxièmes : l'enfant naît mort ; était-il déjà mort dans la matrice, avant que commençât le travail ? Exemple des troisièmes : l'accouchement ne peut pas se faire ; quel parti doit prendre l'accoucheur relativement à la mère et à l'enfant ? doit-il tenter une opération ? et dans ce cas, doit-il la faire sur la mère ou sur l'enfant ? A ce troisième ordre de questions, se rattachait aussi celle de savoir, la mère et l'enfant étant morts, lequel des deux est mort le premier; chose importante pour régler l'ordre des successions. Relativement à la naissance, il traitait ces questions : l'enfant est-il né vivant et viable ? y a-t-il des naissances tardives et des naissances précoces ? Relativement à la mort, il parlait des signes de la mort réelle ; des ques-

tions de survie. Dans la troisième classe, ou médecine légale mixte, M. Royer-Collard renfermait
les questions, 1° sur la détermination de l'à-
ge des individus, 2° sur l'état mental et les
perversions qui peuvent y survenir, 3° sur les
passions, les besoins de l'homme, les instincts
dépravés qui souvent peuvent conduire au crime,
4° sur les règles à suivre dans la rédaction des rapports. C'est par là que se terminait la classification; il la commençait par les règles à suivre dans
l'ouverture des cadavres.

Il nous reste maintenant à indiquer le plan que
nous nous proposons de suivre dans notre étude.
Un ordre tout naturel naît de la définition que
nous avons donnée de la médecine légale : nous
avons dit que son but était d'éclairer les autorités
législatives dans l'institution des lois et les autorités judiciaires dans l'administration de la justice ;
nous sommes donc tout naturellement conduits à la
diviser en deux branches : 1° *Médecine légale législative*, 2° *Médecine légale judiciaire*. Dans la première, l'homme de l'art se présente comme un
conseil à l'autorité; dans la seconde, il se présente
à elle comme un expert, il affirme l'existence
ou la non-existence d'un fait.

§ 1er. Pour établir nos subdivisions, nous rappel-
lerons ici que les lois ont pour but de fixer les
rapports publics et privés de l'homme; elles fixent
aussi le droit et les devoirs de chacun; ces droits
et ces devoirs varient suivant les facultés, car,
sous ce point de vue, les hommes ne sont pas

égaux ; les causes de cette inégalité sont, les unes morales, les autres organiques : celles-ci seulement sont de notre ressort. C'est dans la médecine légale législative que nous traiterons de toutes les circonstances qui ont dû faire varier les droits et les devoirs de chacun ; cela est renfermé dans les neuf articles suivans.

1° Le premier traite *de l'âge considéré dans ses rapports avec les lois.* — L'homme ne jouissant pas toujours des mêmes facultés, ses droits et ses devoirs doivent nécessairement varier dans les diverses époques de sa vie ; à ce sujet, nous examinerons si les motifs qui ont fait établir les lois sur l'âge de capacité, sur l'âge de discernement, sur l'âge fixé pour le mariage, pour le service militaire, sont justement fondés.

2° *Du sexe considéré dans ses rapports avec les lois.* — Les femmes sont par la loi déclarées incapables de participer aux fonctions publiques. Les causes de cette loi sont prises dans l'organisation même des femmes ; c'est ce que nous aurons à examiner.

3° *Des différences individuelles de l'homme, considérées dans leurs rapports avec les lois.* — Les hommes ne se ressemblent pas, ils ont des facultés différentes ; les lois devaient donc statuer différemment pour un idiot, par exemple, que pour un homme jouissant de toutes ses facultés.

4° *De l'état de maladie considéré dans ses rapports avec les lois.* — La maladie devient souvent un affranchissement de certaines charges civiles, de certaines charges de famille ; souvent aussi

elle devient une occasion de danger pour la société; de-là, le droit accordé à l'autorité de pouvoir séquestrer un aliéné qui, dans sa folie, pourrait tuer, incendier, etc.

5° *Du mariage considéré dans ses rapports
avec les lois, et de la fonction de la génération.*
— Cette question est des plus importantes en
législation, puisque c'est par elle qu'il s'introduit
un nouveau nombre, qu'il se crée une nouvelle
famille dans l'État.

6° *Des fonctions intellectuelles et morales considérées dans leurs rapports avec les lois.* — C'est
par elles que nous connaissons nos droits et nos
devoirs, c'est par elles que nous nous soumettons
aux premiers et que nous accomplissons les seconds.

7° *De la naissance considérée dans ses rapports avec les lois.* — La loi impose au médecin l'o-
bligation de déclarer à l'autorité, la naissance à
laquelle il préside, comme homme de l'art.

8° *De la mort considérée dans ses rapports
avec les lois.* — L'on doit aussi constater un décès,
prendre des précautions relativement aux inhu-
mations.

9° *De la législation qui régit l'art de guérir.*
— Il n'est pas permis à chacun de l'exercer, la loi
demande des garanties; le médecin, durant tout
le temps de sa pratique, jouit de certains droits,
et a certains devoirs à remplir; la loi détermine
les uns et les autres.

§ 2. Dans la *Médecine Légale judiciaire*, l'homme

de l'art se présente comme expert, car la question que le magistrat est appelé à résoudre, pour la solution de laquelle il demande une expertise, est une question médicale. — Nous la divisons en sept chefs principaux, comme il sera dit dans la leçon suivante.

QUATRIÈME LEÇON.

12 avril 1836.

Dans la *Médecine légale judiciaire*, l'homme de l'art se présente comme expert ; la question que le magistrat doit résoudre et pour laquelle il demande une expertise, est toute médicale. — Cette seconde partie de notre cours est divisée en sept chapitres principaux :

I. Le premier traite des questions qui se soulèvent à l'égard d'un homme, ou d'une femme, l'un ou l'autre mort ou vivant indifféremment. — Il se subdivise en trois paragraphes : le premier sur la détermination de l'âge ; le second sur l'identité des individus ; le troisième sur les blessures.—

II. Ce chapitre renferme les questions relatives à l'homme et à la femme, mais vivans : ici rentrent 1° la détermination du sexe ; à ce sujet, nous devons examiner les questions sur l'hermaphrodisme mâle et femelle, mixte et neutre ; 2° l'appréciation de la puissance génitale ; ici nous parlerons d'abord de la puissance de copulation, puis de la puissance de fécondation ; 3° l'appréciation de l'état mental des individus ; 4° l'étude de toutes les maladies simulées, dissimulées, alléguées, imputées, prétextées, provoquées; nous verrons ici une question des plus importantes, celle de la possibilité de déclarer l'époque précise à laquelle a éclaté une maladie; nous disons qu'elle est importante, puisque la loi ne permet pas, dans les vingt jours qui ont suivi cette maladie, que l'on puisse instituer un contrat.

III. Dans ce chapitre, nous étudierons les questions qui ne concernent plus qu'un individu mort, homme ou femme. Ici se rangent une foule de questions : 1° la mort est-elle réelle ou apparente? 2° depuis quand la mort a-t-elle eu lieu? 3° depuis quel temps un cadavre trouvé dans l'eau, dans la terre, etc., y a-t-il été déposé? 4° toutes les questions de mort violente se placent aussi dans ce chapitre : la mort par strangulation, par suspension, par inanition, par brûlure, par combustion, spontanée, par *accident arrivé* naturellement.

IV. Ce chapitre traite des questions concernant l'homme seul, elles se réduisent presque au seul service d'un Officier de santé, appellé à juger dans un Conseil de réforme, ou dans un Conseil de recrutement.

V. Celui-ci renferme les questions concernant la femme seule. Ces questions sont nombreuses, presque toutes ont trait à la grossesse et à l'accouchement; quelques-unes seulement sont relatives à l'acte de la copulation: 1° la femme est-elle vierge? ici nous parlerons par conséquent de la défloration; 2° une femme a-t-elle été violée? tout en examinant cette question, nous parlerons de la sodomie, de la pédérastie, vu que l'exemple a prouvé que la femme, aussi bien que l'homme, pouvait être jugée et condamnée pour cet attentat aux mœurs; 3° une femme est-elle grosse? nous étudierons la manière dont on peut le reconnaître, et les moyens de le simuler et de le dissimuler; 4° depuis quand est-elle grosse? 5° a-t-elle pu ignorer sa grossesse? 6° une deuxième grossesse peut-elle arriver pendant le cours de la première? ici rentre naturellement la question de la superfétation? 7° une femme a-t-elle été grosse? 8° peut-on fixer un âge après lequel on n'aurait plus espoir de grossesse? 9° la grossesse ôte-t-elle, en certaines circonstances, la raison et la liberté? 10° de l'avortement; a-t-il eu lieu? a-t-il été naturel ou provoqué? l'a-t-il été par accident ou dans une intention criminelle? 11° l'accouchement a-t-il eu lieu? 12° depuis quand une femme a-t-elle accouché? 13° une femme peut-elle accoucher sans le savoir? 14° jusqu'à quel point une femme qui accouche a-t-elle assez de forces physiques et morales pour soigner son enfant? 15° une femme a-t-elle pu jamais accoucher? 16° une femme est-elle organisée de manière à pouvoir accoucher? si elle ne l'est pas, est-ce sur elle, ou sur l'enfant qu'il faut tenter l'opération? peut-on faire avorter la femme, lorsqu'elle est organisée de façon à nepouvoir pas accoucher? 17° comment reconnaître pendant l'accouchement si l'enfant est mort ou vivant? 18° si la mère et l'enfant meurent pendant l'accouchement, lequel des deux est mort le premier? question bien importante, car elle règle, comme nous l'avons déjà vu, l'ordre des successions.

VI. Dans ce chapitre, nous examinerons les questions qui concernent seulement l'enfant nouveau-né : 1° le produit de l'accouchement, s'il n'est pas un enfant, est-il au moins un produit de la conception? 2° si c'est un enfant, quel est son âge, à partir de la conception? 3° s'il naît mort, est-il mort pendant la grossesse, ou pendant le travail de l'enfantement? 4° est-il né vivant de la vie intrà-utérine seulement, ou bien a-t-il joui de la vie extrà-utérine? 5° est-il né viable? car s'il est né vivant seulement et non viable, il est regardé comme n'étant pas venu au monde, il n'a pas pris rang dans la famille; 6° combien de temps a-t-il vécu de la vie extrà-utérine? 7° depuis combien de temps vit-il de la vie extrà-utérine? 8° quelles sont les causes de sa mort? à ce sujet nous traiterons de l'infanticide par omission et de l'infanticide par commission; 9° est-il légitime? ici se rattache la question des naissances tardives et des naissances précoces.

VII. Enfin, notre dernier chapitre renferme les questions relatives à des corps nuisibles qui ont été appliqués au corps de l'homme, et dont il faut constater l'application et la nature : 1° les empoisonnemens; 2° les asphyxies par les gaz; ici l'on est appelé à constater si la mort est arrivée par homicide ou par suicide; 3° les questions sur la sophistication, la falsification des alimens.

Notre classification se termine par des règles générales : 1° les unes sont relatives à l'ouverture des cadavres ; 2° les autres sont celles qui doivent inspirer le médecin-légiste dans l'exercice de ses fonctions et dans la rédaction de ses rapports.

Toutes les questions de médecine légale peuvent être traitées séparément ; l'étude de l'une n'exige nullement la connaissance de l'autre. L'année dernière, nous avons traité fort au long la question des blessures ; nous avons donc, en suivant notre ordre, à nous occuper maintenant des questions renfermées dans le deuxième chapitre de la médecine légale judiciaire, celles qui concernent l'homme et la femme vivans ; ces questions sont au nombre de quatre : 1° la détermination du sexe ; 2° l'appréciation de la puissance génitale ; 3° l'appréciation de l'état mental des individus ; 4° l'étude des maladies simulées, dissimulées, etc. Désirant enrichir notre étude des importantes observations que M. Geoffroy Saint-Hilaire doit incessamment publier sur l'hermaphrodisme, nous laisserons de côté, pour le moment, les deux premières de ces questions, et nous traiterons d'abord la troisième.

De l'appréciation de l'état mental des individus.

On entend par état mental, l'état des facultés intellectuelles et morales ; la mesure et le mode d'exercice de ces facultés appelées facultés de l'esprit et du cœur, et par lesquelles nous avons des idées, des pensées, des affections et des volontés.

CINQUIÈME LEÇON.

14 avril 1836.

Le législateur a dû apporter une grande attention à l'examen de ces facultés, car ce sont elles
qui rendent l'homme vraiment social, qui lui
donnent des liaisons de famille et le soumettent
aux lois ; ce sont elles qui, lorsqu'elles sont régu-
lières, nous confèrent nos droits et nos devoirs, et
qui nous en affranchissent lorsqu'elles sont per-
verses. Chez l'homme adulte, elles sont telles
qu'elles font de nous des *êtres sensibles, intelligens, moraux, raisonnables et libres.* 1° Des êtres
sensibles, c'est-à-dire ayant le sentiment de leur
existence, de leurs besoins. 2° *Intelligens*, c'est-à-
dire qui jugent des rapports des corps extérieurs
avec eux, en apprécient la convenance, le danger, etc., créent les arts et les sciences. 3° *Moraux* ; outre les facultés communes à l'homme et
aux animaux, il en est d'autres qui sont exclusivement propres au premier ; ainsi, la faculté qui
nous donne le sentiment religieux et le sentiment
moral, sentimens par lesquels nous sentons néces-

sairement l'idée d'un Dieu , et nous distinguons le juste de l'injuste. 4° *Raisonnables*; par sa grande intelligence et sa grande moralité, l'homme sait mieux juger les choses en physique et en morale. 5° *Libres*; parmi les divers besoins physiques de l'homme, il n'en est aucun qui prédomine assez fortement pour commander à ses actions et à ses volontés , il peut choisir à son gré, suivre telle ou telle volonté.

Remarquons que la nature a tout préparé pour les animaux ; tandis que l'homme doit pourvoir à tout par lui-même; il doit se défendre, se procurer lui-même les alimens qui lui sont nécessaires ; pour cela , la nature l'a doué d'intelligence , de raison, etc., facultés par lesquelles il lui est permis de tout conquérir, pour arriver à son bien-être et à sa conservation. Il fallait bien qu'il en fût autrement pour les animaux , qui n'ont pas été doués des mêmes facultés. La moralité , la raison leur manquant totalement , il existe seulement chez eux quelques facultés affectives; la liberté , qui donne à l'homme le droit de choisir entre diverses positions, ne se trouve pas non plus chez eux ; on y reconnaît seulement certaines impulsions irrésistibles, certain instinct qui les pousse vers une chose plutôt que vers une autre.

Toutes ces facultés attachent aux actes de l'homme trois propriétés différentes : la libre possession , la libre puissance et la responsabilité. Mais elles sont toutes susceptibles d'altérations ; d'abord , elles peuvent manquer de développement, puis, par le fait de la vie, et par divers accidens, elles peuvent s'affaiblir et devenir impuissantes ; enfin, elles peuvent s'accomplir d'une manière irrégulière, avec perversion, comme dans la folie ; dans ces cas, la loi devra retirer à l'homme les droits qu'elle lui avait conférés, et ne pas exiger de lui les mêmes devoirs.

C'est à l'autorité judiciaire qu'est réservé le droit de pouvoir ainsi priver un homme de ses droits civils et politiques, de l'affranchir de ces charges communes qui sont des devoirs pour tous les citoyens ; elle ne peut le faire sans avoir reconnu, d'une manière évidente, les perversions des facultés de l'homme auquel il s'agit de retirer l'exercice de ses droits, et qu'il faut exempter de certains devoirs. Or, comme ces perversions des facultés sont des maladies, ce sera au médecin à décider, à déterminer si l'application de la loi doit être faite.

La question de l'appréciation de l'état mental est une de celles qui se présentent le plus fréquemment en justice ; on peut ramener au nombre de huit les circonstances dans lesquelles le médecin peut être requis de la faire.

1. Lorsqu'il s'agit de suspendre, chez un individu ce que l'on appelle la capacité civile. Cela a lieu, lors de l'application des articles 489 et 499 du Code civil ; le premier prononce l'interdiction contre l'individu chez lequel la démence ou l'épilepsie est l'état habituel ; l'interdit ne peut disposer ni de sa personne, ni de ses biens ; le deuxième article parle de la nomination d'un conseil judi-

ciaire; dans ce cas, l'individu, contre lequel la loi prononce, ne peut disposer de sa personne ni de ses biens, qu'avec l'autorisation de son conseil judiciaire.

2. Lorsqu'il s'agit de juger de la validité d'un testament, d'une donation entre vifs, d'une convention quelconque. Les articles 201, 503 et 1108 du Code ont rapport à ce cas. Le premier dit qu'il faut être sain d'esprit pour pouvoir instituer un contrat. Cet article soulève souvent la question de savoir quel est l'état mental du testateur, à une époque de sa vie antérieure à celle où l'on veut faire cette appréciation, qu'il soit vivant ou qu'il soit mort. La condition essentielle de la validité d'un contrat, c'est le consentement de la partie qui l'oblige; on conçoit que souvent il pourra y avoir doute sur la question de savoir si l'état mental de cet individu lui permettait de donner son consentement.

3. L'appréciation de l'état mental peut être requise dans des cas relatifs au mariage; lorsque le magistrat ne sait s'il doit le permettre, y admettre opposition, ou enfin l'annuler. Les articles 146 et 174 du Code ont trait à cela. Sans le consentement, le mariage ne peut avoir lieu; or, s'il n'y a consentement, il n'y a ni acte d'intelligence ni acte de volonté; si l'on oppose l'état de démence d'une des parties, il faudra apprécier si réellement le consentement a été donné, cet état de démence existant. A cet article, on peut ajouter l'art. 180 qui décide que le mariage peut être annulé, s'il n'y a pas eu consentement libre.

4. L'appréciation de l'état mental peut encore être faite dans les cas d'instances en révocation de donation. La donation entre vifs et le don fait par une personne à une autre généralement ne peut être cassée; la loi admet cependant certains cas où le donateur peut demander à l'autorité la révocation de la donation ; ainsi pour cause d'ingratitude (la loi entend par là les attentats contre la vie, les sévices, les injures graves contre le donateur). Il y a ici à faire l'appréciation de l'état mental des individus, parce que souvent l'on a vu un donateur devenir hypochondriaque, prendre en haine ceux qui lui étaient les plus chers, et accuser d'ingratitude une personne à qui il avait fait une donation, pour en obtenir la révocation. Le donataire, de son côté, a pu devenir hypochondriaque et se rendre coupable involontairement d'ingratitude envers le donateur.

Ces 4 premiers cas ont trait à la libre possession des droits civils des citoyens ; les autres se rapportent à l'affranchissement de fonctions publiques.

5. L'appréciation de l'état mental a lieu lorsqu'il s'agit de faire prononcer l'affranchissement de devoirs de famille, ou ses devoirs publics ; tel que la tutelle, les devoirs de juré, de témoin, l'exemption du service militaire. Les articles 434 et 444 du Code régissent ce point. Dans les premiers cas, ce n'est guère que facultativement que l'autorité consulte le médecin ; mais ici il y a obligation, la loi l'exige.

6. Ce cas est celui où il s'agit d'établir si un témoin qui a moins de 15 ans , ou un prévenu de

moins de 16 ans, jouit de ce que la loi appelle discernement. Etablissons ici une distinction : le témoin instrumentaire est celui qui signe au registre de l'état civil, pour un mariage, une naissance ; la loi exige qu'il ait 21 ans ; le témoin judiciaire est celui qui est appelé devant le tribunal pour raconter ce qu'il a vu ; la loi en admet des deux sexes, elle limite leur âge à 15 ans, du moins en justice civile, car en justice criminelle on en admet de tout âge. Comme la loi a aussi admis la possibilité qu'un témoin de 15 ans n'ait pas encore le discernement nécessaire pour témoigner, l'autorité peut donc, dans ce cas de doute, réclamer l'appréciation du médecin. En matière criminelle, avons-nous dit, la loi entend des témoins de tout âge, mais, pour avertir les magistrats que de tels témoignages n'ont pas la même valeur que ceux faits par un homme, elle ne les regarde que comme de simples dépositions, et d'ailleurs elles ne sont jamais, pour des témoins de cet âge, précédées de la prestation du serment.

Pour le prévenu (article 340 du Code pénal) la loi a fixé un âge, au-dessus duquel on est censé avoir toujours discernement.

7. Il s'agit ici d'établir en justice criminelle (art. 64) si un prévenu était en démence, à l'époque où il a commis le crime ; cet examen peut porter aussi sur la démence survenue postérieurement au crime.

8. Dans ce dernier cas, c'est l'autorité administrative qui demande l'appréciation de l'état men-

tal ; par un arrêté du 24 août 1790 , la loi impose aux autorités municipales l'obligation de remédier de suite aux dommages qui peuvent être apportés à la société , par un individu en démence ; elles doivent s'occuper de suite de la séquestration.

Voilà les huit cas dans lesquels la question de l'état mental des individus peut être soulevée et soumise à l'expertise du médecin.

SIXIÈME LEÇON.

10 avril 1836.

Appréciation de l'état mental. — Le médecin appelé pour faire une expertise doit connaître le texte de la loi; preuves : il doit en connaître l'esprit; preuves. — Lésions de l'état mental : opinions des légistes et des médecins; divisions différentes et nombreuses; division admise par M. Moreau.

Nous avons, dans la dernière séance, indiqué les divers articles de la loi, pour l'application desquels le médecin pouvait être requis, par l'autorité, de faire l'appréciation de l'état mental des individus. Il était de toute utilité de les faire connaître, car un médecin qui les ignorerait et qui serait appelé à prononcer, d'après son expertise, sur leur application, ne pourrait bien comprendre toute l'étendue de la mal remplir. En effet, dans chacun des cas que nous avons énumérés, et pour lesquels l'appréciation de l'état mental d'un individu peut être demandée, l'expertise reçoit une direction toute particulière. Pour le prouver plus clairement, prenons un exemple : dans le premier cas cité, nous avons vu qu'un individu pouvait être interdit, lorsqu'il était bien constaté qu'il était dans un état habituel de démence, de fureur ou d'imbécillité. Maintenant, le magistrat demande au médecin : cet individu dont on propose l'interdiction est-il dans un état habituel de démence, de fureur ou d'imbécillité? A son tour, le médecin demandera au magistrat qui lui pose cette question : qu'est-ce que la loi entend par la démence, la fureur et l'imbécillité? La loi, dira le magistrat, n'a défini aucun de ces états; elle s'en est rapportée à ma sagacité et à ma conscience, de même que je m'en rapporte aussi à votre sagacité et à votre conscience. Comment le médecin appelé ainsi à décider ce que c'est que la démence, ce que c'est que la fureur et l'imbécillité, pourra-t-il y parvenir? Il ne pourra le faire qu'en se demandant d'abord : qu'est-ce que l'interdiction? Il verra que c'est cet état d'un homme auquel on ôte le gouvernement de sa personne et de ses biens, incapable qu'il est de les gérer convenablement. D'après cela, le médecin pourra apprécier, dans le cas où il est appelé comme expert, si l'individu contre lequel la loi veut prononcer l'interdiction, est dans un état qui puisse, comme le dit la loi, le rendre incapable de gouverner et sa personne et ses biens. Il n'aurait pu faire cette appréciation, s'il n'avait pas préalablement bien connu le texte et bien saisi l'esprit de la loi. Et dans le cas où vous seriez appelés, par une autorité municipale, à décider s'il y a lieu de prononcer la séquestration d'un individu, votre expertise recevrait encore

une direction différente; on séquestre un individu,
soit pour l'empêcher de se nuire à lui-même, soit
pour arrêter ou prévenir les dommages qu'il peut,
dans sa folie, causer à la société : ici le médecin
aura donc à examiner si l'état des facultés intellectuelles et morales de cet individu est tel qu'il puisse
le conduire à se rendre nuisible à lui-même et
dangereux pour la société.

Nous voyons bien que, dans ce second exemple,
l'appréciation que doit faire l'homme de l'art, ne
reçoit pas la même direction que dans le premier
cas. Il en est de même pour toutes les autres circonstances dans lesquelles cette appréciation peut
être réclamée; chacune d'elles présente au médecin
un problème dont la solution est différente, et par
conséquent dans chacune d'elles aussi, l'expertise
devra être faite dans des vues différentes. Ainsi,
dans le cas où l'on serait appelé pour décider s'il
faut prononcer l'affranchissement d'un individu
de certaine charge, le médecin devra examiner si
l'état mental de cet individu lui permet de remplir
dignement cette charge, d'accomplir les devoirs
qu'elle lui impose de la manière la plus convenable et la plus utile au bien de la société; d'un
autre côté, il pourra aussi être appelé à examiner
si les devoirs, les occupations de cette charge ne
peuvent pas compromettre la santé, peut-être
même la vie de l'individu qui la remplit, ou qui
est appelé à la remplir.

Les recherches auxquelles devra se livrer le médecin seront encore faites dans des vues différentes,
lorsqu'on lui demandera si tel individu, accusé de

tel crime , était dans la démence au moment où il a commis le crime.

La différence qui existe entre les divers problèmes à résoudre au sujet de l'appréciation de l'état mental , ne saurait être bien appréciée, si l'on n'a pas bien la connaissance des articles de la loi qui y ont rapport, et qui l'exigent pour leur application, et si l'on n'en a pas bien saisi le sens.

Dans cette question , un témoin de moins de quinze ans jouit-il d'un assez grand discernement pour être appelé en témoignage ? et un prévenu de moins de seize ans jouit-il aussi d'un assez grand discernement pour être poursuivi pour le crime qu'il a commis ? Le médecin doit d'abord rechercher et déterminer quelle est la mesure d'intelligence et de moralité de ces deux individus, puis il doit établir le rapport qui existe entre ce degré d'intelligence et de moralité et le témoignage que l'un d'eux a fait, ou le crime que l'autre a commis, ou pour lequel il est poursuivi.

Nous le répétons donc , un médecin étant toujours appelé par l'autorité pour faire l'application d'un article de la loi, il ne comprendra pas bien sa mission ou la remplira mal ; s'il ne comprend pas d'abord la loi dans son texte et dans son esprit. Nous disons s'il ne la comprend pas dans son esprit, car, en effet, le texte de la loi n'est pas toujours bien clair et précis, on ne voit pas de suite ce qu'elle demande, on n'y parviendra que par son interprétation et par la réflexion. Ainsi, dans cet article 489 déjà cité, qui prononce l'interdiction d'un individu pour cause de démence habituelle, etc., la question que pose le tribunal au médecin est celle-ci : l'état habituel de cet individu est-il la démence? Mais qu'est-ce que la démence? La loi n'en dit rien, elle n'établit pas quand un individu sera en état de démence; ce ne sera qu'en interprétant la loi, que le médecin verra qu'un individu sera réputé en démence, etc., lorsque ses facultés intellectuelles et morales ne lui permettront pas de gouverner convenablement et sa personne et ses biens, et que l'interdiction que l'on prononce n'est qu'une mesure de protection pour l'individu, une protection prise dans son propre intérêt.

Il en est de même pour l'article 64 du code pénal, qui statue qu'il n'y a ni crime ni délit, lorsqu'il est prouvé que celui qui en est accusé était, au moment où il l'a commis, dans un état de démence; encore ici il faudra se demander ce que c'est que la démence ; ce ne sera qu'après une connaissance bien précise de la loi, qu'on pourra déterminer que c'est une lésion des facultés intellectuelles et morales, un vice mental qui ne permet pas à celui qui en est atteint de se servir de sa capacité civile et qui, dans certains cas, le poussera irrésistiblement à commettre un crime, sans qu'il lui soit possible de s'en empêcher.

Remarquons encore qu'il n'y a pas même uniformité dans les termes dont se sert la loi ; en matière civile, elle reconnaît trois états différens dans nos facultés : la démence, la fureur, l'imbécillité. Ces trois mots n'expriment-ils qu'une seule et même chose, ou bien désignent-ils trois modes différens que l'état mental peut présenter? Dans l'article 64 du code pénal, elle ne parle au contraire que de la démence; ce mot est-il un expression générale pour exprimer les diverses lésions que peut offrir l'état mental? alors pourquoi l'article 489 emploie-t-il trois termes différens? Si, au contraire, ce mot de *démence* n'indique qu'une seule espèce de lésion de l'état mental, pourquoi alors dans l'article 64, ne pas répéter les trois mots dont se sert l'article 489? Ce mot de *démence* est ordinairement employé par les législateurs dans le sens le plus étendu, dans l'acception la plus générale. Ils entendent par là cet état qui entraîne la perte de l'intelligence et qui prive de la liberté et de la volonté.

Ici se termine l'énumération des différentes circonstances dans lesquelles le médecin peut être appelé, par l'autorité, à faire l'appréciation de l'état mental des individus, et l'indication des divers articles de la loi, dont l'application, soit en matière civile, soit en matière criminelle, nécessite cette appréciation. — Nous avons maintenant à nous occuper des divers états de lésion, et de perversion que l'état mental peut présenter.

Les différens modes dans lesquels l'état mental peut se montrer altéré sont très nombreux. Il existe une très grande dissidence entre les jurisconsultes, les légistes et les médecins qui s'en sont occupés, sous le point de vue de leur énumération. Pendant tout le temps qu'a régné le droit Romain, ou que l'ancien droit français est resté en vigueur, on a rapporté toutes les lésions mentales à deux grandes classes :

1° Les lésions que présentaient ceux dont l'intelligence était affaiblie et même nulle ; *(mente capti)*. Dans cette classe se rangeaient les idiots, les imbécilles, etc. ; 2° les lésions offertes par ceux dont les facultés intellectuelles étaient exaltées jusqu'à la fureur *(furiosi)*.

On sait facilement qu'il était impossible de comprendre dans ces deux classes toutes les lésions des facultés intellectuelles et morales ; ainsi, comment y faire rentrer le délire qui se manifeste dans le cours de certaines maladies aiguës , et pendant lequel un individu peut tester ? le délire produit par l'influence des boissons et des narcotiques ? Et de plus, l'expression de *furiosi*, appliquée à ceux qui présentaient les lésions de la deuxième classe, n'était pas convenable ; car elle ne pouvait pas comprendre toutes les espèces de folies, puisque les unes sont furieuses, et les autres tranquilles ; la fureur n'est qu'un symptôme qui peut même se rencontrer chez les *mente capti*.

Le code français actuel semble avoir ramené toutes les questions sur l'état mental à la démence, la fureur et l'imbécillité.—M. Delvincourt, professeur de droit à Paris, dit que la démence est la perversion des facultés de l'esprit ; la fureur, selon lui, est la démence portée à l'excès ; enfin l'imbécillité est l'affaiblissement des facultés de l'esprit. — L'acception que donne M. Delvincourt au mot *démence*, est toute autre que celle que lui donnent les médecins ; pour ceux-ci, la démence est l'affaiblissement survenu, depuis la naissance, dans les facultés de l'homme; tandis que, pour les jurisconsultes, elle est synonyme de folie. — Jamais les lois n'ont employé d'autres mots que les trois que nous venons de citer, si ce n'est à l'article 101 qui dit que, pour instituer une convention quelconque, il faut être sain d'esprit, mot général qui semble exclure beaucoup plus de vices de l'esprit que l'article 489.— Le code prussien ne reconnaît non plus que les trois lésions admises par le code français. — Les lois anglaises en reconnaissent aussi trois genres : 1° l'idiotisme ou aliénation mentale originelle, datant de la naissance (le mot d'aliénation est impropre dans ce cas, car il indique la perte d'une chose que l'on a anciennement possédée) ; 2° la folie, ou aliénation mentale acquise ; 3° le lunatisme ou aliénation mentale acquise aussi, mais intermittente dans ses accès. — La loi anglaise a soin de stipuler que le lunatique peut tester dans l'intervalle de ses accès.

Les médecins rangent ordinairement toutes ces lésions sous le nom général d'aliénation; mais chaque auteur, pour ainsi dire, a établi des subdivisions différentes. —Pendant long-temps on en a admis seulement deux espèces: 1° la manie, délire général et furieux; 2° la mélancolie, délire triste et porté sur un seul objet. — Sauvages en admettait quatre: 1° la démence; 2° la manie; 3° la mélancolie; 4° la démonomanie ou manie dans laquelle on a des hallucinations qui font croire à la présence de diables, de démons. M. Pinel en reconnaissait quatre espéces : 1° la manie; 2° la mélancolie; 3° la démence; 4° l'idiotisme.— M. Esquirol, élève de M. Pinel, admet les mêmes espèces que lui, en y changeant seulement un mot; il distingue : 1° la manie; 2° la monomanie; 3° la démence ; 4° l'idiotisme. — C'est M. Esquirol qui le premier s'est servi du mot de *monomanie*, qui est préférable à celui de mélancolie, car il exprime beaucoup mieux cette aliénation mentale portant sur un seul objet. — De plus, M. Esquirol dit que la démence est l'obtusion, par cause acquise, des facultés intellectuelles et morales.— M. Georget, dans l'article qu'il a fourni à M. Orfila pour son ouvrage sur la médecine légale, distingue les fous et les idiots : il reconnait la manie, la monomanie et la démence, qui n'est pas seulement un affaiblissement des facultés de l'esprit, mais un affaiblissement accompagné d'un grand délire. Il établit deux classes : La première renferme les vices des facultés de l'esprit ; ici rentre l'idiotisme, l'imbécillité. La seconde contient les perversions des facultés de l'esprit , la folie. M. Spurzheim admet quatre genres de lésions mentales : 1° l'idiotisme; 2° la démence; 3° l'aliénation ou dérangement des facultés intellectuelles et morales ; 4° l'irrésistibilité; il appelle ainsi cette aliénation qui pousse d'une manière irrésistible à faire une chose plutôt qu'une autre. M. Mahon, le premier qui professa la médecine légale à la faculté de Paris, range sous deux formes les différentes lésions mentales : 1° la stupidité ou engourdissement des facultés de l'esprit; 2° la frénésie ou per-

version de ces mêmes facultés. M. Fodéré, professeur à Strasbourg, reconnaît : 1° la manie générale,
ou partielle ; 2° l'imbécillité ; 3° la démence. Un
médecin célèbre des États-Unis, M. Rusch de Pen-
sylvanie, admet trois ordres : 1° les aliénations générales des facultés dites de l'esprit et du cœur; la
manie, la manicule, la manialgie, la dissociation
des facultés ou démence; 2° l'aménomanie , ou manie portant sur un sujet gai; 3° la foistomanie ou
manie portant sur un sujet triste. Tous les médecins de nos jours ont tourné autour de ces diverses
divisions, distinguant d'abord les impuissances ,
puis les perversions des facultés intellectuelles et morales ; les perversions comprenant le délire dans les
maladies et la folie.

M. Scipion Pinel a admis les distinctions sui-
vantes :

1° L'état de déréglement dans les facultés; ainsi,
l'état verbal de l'ivrogne chez lequel le jeu de l'organe est perverti par l'emploi d'une substance al-
coholique ou narcotique ; chez lui, la volonté est
d'abord vacillante, puis bientôt anéantie ; cet état
dure peu. 2° La manie, état dans lequel toutes les
facultés intellectuelles sont sans frein. 3° La monomanie, délire portant sur un seul sujet, sur une
idée ; cet état est tantôt très actif, tantôt très lan-
guissant ; quelquefois le monomane a encore la
connaissance de son égarement, d'autres fois il n'en
a aucune. 4° La démence, ou passage presqu'insensible du délire calme à l'insensibilité. 5° L'imbécillité. 6° La bêtise (*stultitia*) , état duquel il ne
reste plus guère qu'une certaine aptitude à satis-

faire aux besoins les plus prochains de la vie. 7° La stupidité. 8° L'abrutissement, état dans lequel on ne peut par soi-même satisfaire à aucun des besoins de la vie.

Presque toutes ces définitions ne portent que sur la folie; on n'y a pas fait entrer tous les vices de l'état mental sur lesquels la médecine peut être consultée. Il est cependant nécessaire de bien connaître toutes les diverses formes sous lesquelles se présentent les lésions mentales, et de bien apprécier leur nature et leur degré d'intensité.

Pour nous, nous rattachons à huit formes, toutes susceptibles de subdivisions, les lésions que l'esprit peut présenter.

1° Obtusion, affaiblissement originel des facultés intellectuelles et morales. 2° Affaiblissement par cause organique; ici se rattache l'imbécillité, l'idiotisme. 3° Obtusion, affaiblissement originel encore des facultés de l'esprit et du cœur, non plus par vice organique du cerveau, mais par vice des sens; ainsi, la surdo-mutité; en effet, si l'on abandonne un sourd-muet sans lui donner aucune éducation, il restera dans un état voisin de l'imbécillité. 4° Du délire, envisagé comme symptôme dans les maladies aiguës. 5° Des perversions mentales consistant proprement dans ce qu'on appelle folie; dans ce chapitre nous aurons à examiner la folie générale ou manie, et la folie partielle ou monomanie : à ce sujet, nous traiterons de la monomanie homicide, de la monomanie incendiaire, de la monomanie suicide, de la monomanie érotique, et généralement de toutes les monomanies qui conduisent au crime et au délit.

6° Des perversions mentales qui surviennent à l'occasion de quelques phlegmasies organiques ; nous parlerons ici de cette perversion qui forme les rêves, de celles qui surviennent à cause de la faim, de la soif; de celles qui se présentent dans le cours de l'exercice de certaines fonctions naturelles , ainsi de ces perversions que l'on observe pendant la grossesse, pendant l'accouchement. 7° Des perversions qui proviennent de substances appliquées intérieurement ou extérieurement; ici rentrent les diverses questions sur les narcotiques, sur l'ivresse, sur les aphrodisiaques.

8° Des perversions qui surviennent à la suite ou dans le cours de certaines maladies, qui sont autres que la folie et qui cependant sont propres à enlever la capacité civile. Ainsi , nous parlerons dans ce dernier chapitre des perversions des facultés intellectuelles et morales que l'on observe chez les épileptiques, chez les hypochondriaques, chez les somnambules ; ces derniers, nous les diviserons en somnambules naturels et en somnambules artificiels ou somnambules par magnétisme.

Voilà l'ordre dans lequel nous traiterons de tous les modes d'altérations que peuvent présenter les facultés intellectuelles et morales de l'homme.

SEPTIÈME LEÇON.

18 avril 1836.

Dans notre dernière séance, nous avons annoncé que nous traiterions, dans huit chapitres différens que nous avons énumérés, des divers genres d'altérations que peut présenter l'état mental. Le premier chapitre que nous allons commencer, traite des circonstances dans lesquelles on observe la plus grande altération des facultés intellectuelles et morales.

CHAPITRE PREMIER.

DE L'IDIOTISME ET DE L'IMBÉCILLITÉ.

Il faut d'abord se demander : qu'est-ce que c'est que l'idiotisme, et qu'est-ce que c'est que l'imbécillité ? Ce sont des vices congéniaux de l'esprit, dans lesquels les facultés intellectuelles et morales n'ont pas la mesure qui appartient aux individus de notre espèce. Chez l'idiot et chez l'imbécille, le cerveau ne s'est pas développé, ou s'il a reçu quelque développement, il est demeuré impuissant ; ce développement n'a pas été assez grand pour donner à ces individus l'intelligence, la moralité, la raison et la liberté.

L'idiotisme et l'imbécillité sont deux degrés du même vice : dans l'idiot, ce vice est porté à son point le plus élevé, puisque l'idiot ne peut pas accomplir même les besoins de la vie animale. Dans l'imbécille, ce vice est à un moins haut degré ; l'imbécille peut non-seulement satisfaire aux besoins de la vie animale, mais encore il a quelques facultés affectives, il peut accomplir quelques actes de la vie sociale.

Dans une thèse, présentée en 1824 par M. Belhomme, on trouve la disposition suivante : « Les idiots et les imbécilles sont des individus qui, par défaut originel, n'ont jamais présenté et ne présenteront jamais les facultés intellectuelles et morales qui appartiennent aux individus bien conformés de leur âge, de leur sexe et de leur condition. »

Afin de pouvoir mieux reconnaître si un individu est idiot ou imbécille, et de pouvoir mieux apprécier son état mental, il ne sera pas superflu de tracer ici, en quelques mots, le tableau physiologique de l'idiotisme et de l'imbécillité.

L'idiot, avons-nous dit, est celui chez lequel ce vice mental s'offre au plus haut degré ; en effet, il y a chez lui absence des facultés intellectuelles et affectives, impossibilité de vivre de la vie sociale, impossibilité même de subvenir par lui-même à ses besoins physiques. — Dans l'imbécille , le mal ne s'étend pas si loin ; quoique bien au-dessous des hommes bien conformés , il peut cependant s'acquitter de quelques-unes des fonctions de la vie ; il possède même quelques sentimens. — On conçoit, d'après cela, qu'entre l'idiot le plus idiot, et l'imbécille le moins imbécille, il doit exister de nombreux intermédiaires. — M. Esquirol en admet sept, que nous allons résumer en peu de mots :

1° Ce premier degré comprend l'idiot chez lequel le vice mental est le plus profond , chez lequel il reste le moins de facultés intellectuelles et morales ; c'est un individu presque réduit à la vie végétative ; il n'a pas même les sensations les plus prochaines de la conservation de la vie ; il ne sent pas l'action de la température extérieure ; il paraît ne pas voir et ne pas entendre ; il paraît même ne pas éprouver le besoin de manger ; lorsqu'on lui présente des alimens, il ne les saisit pas , il semble qu'il ne les voit pas , il ne les mange pas de lui-même ; c'est pour ainsi dire par la force que l'on arrive à lui en faire avaler la quantité qui lui est absolument nécessaire ; en un mot, il est sans passions et sans affections ; il ne jouit même pas de l'instinct conservateur que l'on remarque chez tous les animaux.

2° Ici l'idiot a quelques faibles sensations ; il sent les impressions du froid et du chaud ; il est sensible à la douleur , à la faim ; il prend de lui-même les alimens ; il les avale sans qu'on l'y force. On remarque chez lui quelques facultés affectives ; il montre de la haine ou de l'amour ; la colère se

(46)

manifeste aussi en lui ; cependant il manque encore du sentiment de sa conservation ; il ne songe pas à se vêtir pour avoir plus chaud. Les phénomènes expressifs sont peu marqués chez lui ; il ne s'exprime pas par des cris articulés.

3° Chez l'idiot de cette classe, on commence à apercevoir quelques vestiges d'intelligence ; elle se révèle par l'exercice actif de ses sens, qui peuvent être impressionnés par les excitans qui leur sont appropriés ; l'idiot reconnaît les sujets dont il est entouré ; on le voit exercer quelquefois l'activité de ses sens pour arriver à la connaissance du monde extérieur; il se montre attentif, curieux ; il cherche à entendre ce qui se dit autour de lui; il recherche avec ardeur les alimens ; il reconnaît les personnes qui le soignent ; il leur témoigne de l'amitié ou de la haine ; mais il ne possède pas encore l'instinct de pourvoir à sa conservation, à son bien-être ; il ne pense pas à se vêtir; il ne penserait pas davantage à se coucher, si l'on ne prenait pas la peine de le coucher. Ces trois premiers degrés ressortent tous de l'idiotisme plus ou moins complet ; le degré suivant sert de passage de l'idiotisme à l'imbécillité.

4° Les vestiges d'intelligence, qui commençaient à apparaître faiblement dans le degré précédent, se montrent dans celui-ci d'une manière plus prononcée ; l'idiot montre quelques goûts, quelques affections ; il sait par lui-même satisfaire sa faim, il sait se vêtir sans secours ; il a de l'amour physique, quelquefois porté à un très-haut point ; il comprend un peu ce qu'on cherche à lui faire entendre ; il articule quelques mots.

5° Ce degré et les deux derniers se rattachent à l'imbécillité. Toutes les sensations qui se remarquent dans l'idiot de la dernière classe se manifestent ici d'une manière encore plus prononcée ; cependant, tout en étant apte à subvenir à ses besoins physiques , l'imbécille de cette catégorie ne montre encore aucune prévision relativement à ces mêmes besoins ; il semble ne vivre que pour le présent, sans s'inquiéter en rien de l'avenir ; ainsi, par exemple , on ne le verra jamais conserver pour le lendemain une partie de ses alimens ; il les mangera en entier, ou il les abandonnera sans plus s'en occuper. Cet être ne peut rien apprendre ; il ne possède nullement la faculté de l'éducabilité.

6° Ici l'imbécille jouit d'un certain degré d'éducabilité ; on peut, à force de soins et de peines, lui apprendre un peu à lire, à écrire, à compter ; ajoutons qu'on remarque aussi chez lui et d'une manière plus marquée tout ce que nous avons reconnu dans l'imbécille de la classe précédente.

7° Celui-ci, outre qu'il peut apprendre à lire , à écrire, à compter, possède encore quelques dispositions qui lui permettent de se livrer à quelque art manuel d'une facile exécution ; par exemple il pourra faire quelques petits travaux de menuiserie, etc.

Voilà en quelques mots le tableau qu'a tracé M. Esquirol, des différens degrés que l'on peut observer dans l'idiotisme et l'imbécillité. — Ajoutons encore que, dans ces degrés, les facultés affectives

suivent la même gradation que les facultés intellectuelles; plus on avance et plus l'on voit se développer chez l'imbécille quelques faibles facultés
intellectuelles, plus aussi l'on trouve en lui des
facultés affectives. Ces dernières facultés sont
cependant ordinairement portées à un plus haut
degré; presque toujours elles sont, chez l'imbécille,
très violentes, et très énergiques.

Nous devons maintenant nous demander quelles
sont les causes de ce vice mental appelé idiotisme
et imbécillité? Nous l'avons déjà dit, cette cause est
congéniale, elle consiste en ce que le cerveau n'a
pas éprouvé de développement, ou est resté dans
un état d'impuissance qui ne lui permet pas d'accomplir les actes qui lui sont dévolus.—Le plus souvent c'est le manque de développement du cerveau
qui cause l'idiotisme et l'imbécillité. Hippocrate
donnait le nom de microcéphales (de μίκρος petit,
et de κεφαλη tête) aux idiots et aux imbécilles. —
Deux observations, consignées dans l'ouvrage de
M. Pinel déjà cité, viennent encore à l'appui de
notre assertion.— La première parle d'un idiot
dont la tête n'avait que le dixième de la stature
entière, tandis que cette hauteur devrait en être
le septième, si l'on prend l'Apollon du Belvédère
pour type de la perfection idéale de l'homme. —
La seconde de ces observations cite le cas d'un
idiot de onze ans, dont le cerveau avait la gros-
seur de celui d'un enfant de 7 ans bien conformé.

Le crâne est toujours en raison du cerveau dont
il suit tout le développement. Plus le cerveau sera
développé, plus aussi le crâne le sera, souvent

aussi les idiots et les imbécilles présentent des dif-
formités du crâne; il y a chez eux une conformation
irrégulière; tantôt les pariétaux sont aplatis au niveau de la suture temporale, et le front est comme
pointu ; tantôt il y a un aplatissement de l'occi-
pital et du frontal ; ou le front est fortement dé-
primé et fuyant comme chez les animaux qui
présentent le moins d'intelligence ; ou encore,
il y a inégalité entre la partie droite et la partie
gauche du crâne, ou entre l'antérieure et la posté-
rieure ; d'autrefois la tête est ronde et conique
comme un pain de sucre; enfin, le crâne est quelquefois énorme, cela provient alors d'une hydro-
céphale ou hydropisie du cerveau. Le cerveau étant
chez les idiots généralement plus petit, la circonférence du crâne doit aussi être plus petite; ainsi
Gall a remarqué que chez les idiots le crâne n'avait
que 13 à 17 pouces de circonférence, tandis que
celui d'un individu bien conformé en a au moins
21. M. Pinel a établi ce fait par une série d'observations faites sur une centaine de têtes d'idiots et
d'imbécilles. Il résulte de ces faits anatomiques que
le crâne n'est que la représentation de ce qui se
passe à l'intérieur de la tête, que l'encéphale participe au développement ou au manque de développement du cerveau, à son atrophie, comme on le
dit assez improprement; car l'atrophie s'entend de
la perte de volume d'un organe qui en présentait un
plus grand primitivement. Nous le répétons donc
encore une fois, c'est le vice du cerveau qui entraîne
le vice de conformation du crâne; c'est là un des
meilleurs argumens dont se soit servi le docteur

7

Gall pour bien reconnaitre et apprécier l'état du cerveau.

L'idiotisme et l'imbécillité sont ordinairement accompagnés de maladies des os du crâne; les ventricules aussi sont presque constamment alté- rés; quelquefois encore on a vu les méninges pré- senter des altérations, mais il est à supposer que c'est chez des idiots en état de maladie.

Les causes de l'idiotisme sont nombreuses; l'hé- rédité est généralement admise comme une des principales, puis le séjour dans certains pays, sur- tout dans les vallées entourées de hautes montagnes; l'existence des crétins dans le canton du Valais en Suisse, vient à l'appui de cette opinion; les violentes affections morales éprouvées par une femme pen- dant sa grossesse; les violences exercées sur la tête des jeunes enfans; les maladies survenues dans le premier âge; une grande frayeur éprouvée aussi dans le même temps.

Mais il n'entre pas dans notre but de signaler avec détail ces diverses causes, quoique leur con- naissance soit utile et nécessaire pour faire une bonne appréciation de l'état mental d'un individu; nous dirons seulement encore, que tandis que la folie est le produit de la société, le résultat d'une vie intérieure, morale et puissante, l'idiotisme dé- pend des influences matérielles, physiques du sol. En effet, la folie a augmenté en proportion de la civilisation, tandis que l'idiotie et l'imbécillité ont diminué dans la même proportion. Cela se conçoit facilement, car à mesure que la civilisation a avancé, un champ plus vaste a été ouvert à toutes les passions de l'homme, et par conséquent à toutes les causes de folie; d'un autre côté, les gouvernemens ont mis tous leurs soins à diminuer les fâcheuses, influences du sol de certaines contrées, à l'assainir à le rendre meilleur, et dès-lors les idiots et les imbécilles se sont montrés plus rarement dans ces lieux où ils abondaient précédemment.

Au sujet de l'idiotie et de l'imbécillité, il y a deux questions médico-légales soulevées et que le médecin peut être appelé à résoudre.

1° Y a-t-il idiotie? Y a-t-il imbécillité?

2° Supposant qu'il y ait idiotie ou imbécillité, à quel degré ce vice est-il porté chez l'individu soumis à votre examen, jusqu'à quel point est-il privé de ces facultés que nous avons reconnues chez l'homme bien conformé, c'est-à-dire d'intelligence, de moralité, de raison et de liberté?

1ʳᵉ *Question*. Y a-t-il idiotie ou imbécillité? Pour juger si une fonction quelconque de l'homme s'accomplit bien ou si elle est troublée, pervertie, dans son exercice, il faut faire trois recherches : 1° explorer l'organe et l'appareil de la fonction qui s'accomplit mal; 2° explorer la fonction elle-même, si elle se compose d'actes appréciables tombant sous les sens; 3° explorer les autres organes du corps qui ont quelque connexion avec celui qui est altéré et qui peuvent être perturbés par son influence. Telles sont les recherches à faire pour la fonction intellectuelle et morale; dans le plus grand nombre de cas, l'exploration du crâne ne donnera que des documens incomplets et imparfaits ; mais au contraire, l'exploration de la fonction elle-même sera une source féconde de bons renseignemens; cette fonction est presque tout l'homme ; elle ne peut manquer, être imparfaite ou pervertie sans amener de grands changemens chez lui ; car c'est par elle, qu'il se met en rapport avec les corps extérieurs, qu'il a le sentiment de ses besoins physiques et moraux, qu'il agit sur toute la nature, qu'il en fait la conquête, qu'il crée différens langages, qu'il donne naissance aux arts. 1° Il importe d'explorer d'abord les sens externes, de voir s'ils agissent activement ou passivement; 2° puis les sensations internes, la faim, la soif, l'instinct génital, etc., car c'est par les sens externes que nous arriverons à la connaissance des corps extérieurs, et c'est par les sens internes que nous avons la connaissance des actes nécessaires pour notre conservation; ils sont nombreux ces sens, les uns sont attachés à tous les actes provenant de notre volonté, les autres sont instinctifs, ils nous avertissent du moment où ces actes doivent être accomplis pour notre bien-être et pour notre conservation, puis, les facultés intellectuelles et affectives, par lesquelles notre entendement est constitué, par lesquelles nous formons des rapports de société avec nos semblables; ici le champ d'exploration est des plus vastes, car l'homme est riche en facultés intellectuelles et morales. Enfin, il faut explorer les phénomènes expressifs de l'homme, il ne peut avoir des sentimens sans être doué d'un moyen de les exprimer, de les faire connaître au dehors ; il y parvient par les gestes, les attitudes, la voix, la parole, l'écriture, etc.

HUITIÈME LEÇON.

21 avril 1836.

Nous avons, dans la séance précédente, après avoir présenté l'histoire de l'idiotie et de l'imbécillité sous le point de vue psychologique, posé ces deux questions : 1° Y a-t-il idiotie ? y a-t-il imbécillité ? — 2° Supposant que l'idiotie ou l'imbécillité existe chez l'individu pour lequel est réclamée l'expertise, jusqu'à quel point ce vice mental l'empêche-t-il d'user de sa capacité civile, jusqu'à quel point le prive-t-il d'intelligence, de moralité, de raison et de liberté ? — Nous avons dit que la solution de ces deux questions demandait trois recherches : 1° l'exploration de l'organe de la fonction lésée dans son exercice ; 2° l'exploration de cette fonction elle-même, si elle se compose d'actes appréciables ; 3° l'exploration des autres organes qui ont quelque connexion avec l'organe altéré, et qui peuvent être perturbés par son influence. — Nous avons dit ensuite que ces recherches devaient être faites pour la fonction intellectuelle et morale, que la première ne pouvait ordinairement fournir que des documens insuffisans, mais que la seconde était une source féconde de bons documens ; nous avions réuni sous quatre groupes ce qui se rapporte à l'exploration de la fonction intellectuelle et morale : 1° l'exploration des sens externes ; — 2° celle des sensations internes ; — 3° celle des facultés intellectuelles et affectives ; — 4° enfin, celles des phénomènes expressifs, qui se divisent en deux classes, formant le langage affectif (les gestes, les attitudes, etc.), et le langage conventionnel (la parole et l'écriture.)

Nous le répétons encore une fois, cette exploration de la faculté intellectuelle et morale doit, pour être bien faite, l'être dans l'ordre que nous venons d'indiquer ; si nous nous sommes appesantis sur cet ordre de recherches, c'est parce qu'il trouve son application dans tous les cas d'aliénation mentale. — Cela posé, appliquons-le à l'idiotisme et à l'imbécillité ; quelle marche suivrons-nous pour reconnaître ce vice mental ? 1° Nous le reconnaitrons par l'examen anatomique du cerveau ; nous avons déjà dit que, pour l'idiotie et l'imbécillité, on pouvait retirer quelques lumières de cet examen du cerveau, non pas immédiatement, mais d'après les dispositions de la boîte osseuse du crâne ; nous avons déjà vu que les idiots ont ordinairement la tête plus petite, ou qu'au moins elle est irrégulièrement conformée ; cela se verra plus fréquemment chez les idiots que chez les imbécilles ; les premiers présentent presque tous ce désordre anatomique, tandis qu'il se rencontre moins souvent chez les derniers, qui, pour la plupart, ont la tête comme les individus bien conformés de notre espèce. — 2⁰ Nous reconnaîtrons ensuite l'idiotie et l'imbécillité par l'exploration de la fonction elle-même, d'après les quatre subdivisions que nous avons indiquées : 1° L'individu a-t-il l'exercice actif de ses sens externes ? quelques-uns n'entendent pas, ne voient pas, etc. On comprend que cette exploration est facile à faire. — 2° Dans quel état se présentent chez cet individu les sensations internes ? éprouve-t-il la faim, la soif, les divers besoins physiques, celui des excrétions, de la respiration, le besoin génital, est-il sensible aux causes de douleurs externes ? 3° Quelles sont les facultés intellectuelles et affectives de l'individu? — d'abord, sait-il qu'il existe, a-t-il la notion de son moi? a-t-il la notion de l'existence des corps extérieurs? a-t-il la spontanéité des actes qui réclament l'accomplissement de ses besoins les plus prochains? va-t-il lui-même prendre ses alimens? sait-il prendre les précautions nécessaires pour l'accomplissement de certains de nos besoins, de nos excrétions? sait-il se vêtir, se coucher seul et de lui-même? prévoit-il ce qui peut lui nuire et ce qui peut lui être agréable? Juge-t-il bien ou mal de ses rapports avec les corps extérieurs? C'est par l'exercice, par l'emploi le plus vulgaire de notre intelligence que nous accomplissons tous ces actes; voyons maintenant ceux qui réclament une plus haute portée d'intelligence. Jusqu'à quel point cet individu a-t-il de l'éducabilité? tout le monde doit apprendre à parler, à lire, à écrire, à compter; jusqu'à quel point a-t-il profité des efforts imposés à son intelligence pour apprendre à parler, à lire, etc ? — Voilà la direction qu'il faut donner à l'expertise dans l'exploration des facultés intellectuelles ; voyons maintenant celles à apporter dans l'examen des facultés affectives, de ces sentimens innés dans le cœur de l'homme, auxquels il ne peut se refuser, pas plus qu'au besoin de la faim, de la soif ; cet individu a-t-il de l'amour pour ses parens, pour ses amis ? a-t-il la sociabilité, cet intérêt auquel l'homme ne peut échapper, qui est de sa nature morale ? montre-t-il de la haine pour quelqu'un, de la reconnaissance pour les personnes qui le soignent ? est-il susceptible de colère, etc. ? — C'est en regardant ainsi l'homme sous tous ces points de vue, qu'il sera possible de voir quelle est, chez l'individu soumis à votre examen, la mesure d'intelligence, de moralité, de raison et de liberté. — 4° Nous parviendrons enfin à reconnaître l'idiotie et l'imbécillité, par l'exploration des phénomènes expressifs, de ceux constituant le langage affectif et de ceux constituant le langage conventionnel.

L'homme ne peut éprouver un sentiment sans qu'il ait tendance à l'exprimer au dehors de lui ; il y a toujours corrélation entre l'état des phénomènes expressifs et celui des sentimens internes. — Or, voyons ce qui se passe chez l'idiot relativement à ces phénomènes ; d'abord pour ce qui tient au langage affectif, sa physionomie, ses gestes, ses attitudes, etc., sont de la même insignifiance et présentent le même caractère de stupidité ; pour ce qui est du langage conventionnel , l'idiot offre la même nullité, il ne parle pas, ou prononce avec peine quelques mots presqu'incompréhensibles ; le plus ordinairement, il ne fait que pousser quelques cris inarticulés. —

Voilà l'état sous lequel se présentent les quatre groupes composant la fonction intellectuelle et morale ; on juge facilement combien de variétés ils peuvent offrir, si l'on se rappelle toutes les nuances qui se trouvent entre l'idiot le plus idiot et l'imbécille le moins imbécille. — Ajoutons qu'un des points spéciaux de la physiologie des idiots, c'est que chez eux la raison ne contrebalance pas l'impulsion, ils n'ont pas la liberté, cette aptitude à pouvoir choisir entre divers motifs. Les sentimens affectifs sont chez eux les plus dominans, tandis que les facultés intellectuelles y sont très faibles ; disons encore que les idiots sont ordinairement très mal propres et enclins à la masturbation, le besoin génital n'étant pas contrebalancé chez eux par la raison. —

En suivant cet ordre d'exploration, on sera bien à même de juger de la portée de l'état mental d'un individu, soit celle de son intelligence, soit de celle sa moralité, de sa raison ou de sa liberté. Dans cet examen on doit considérer cet individu non seulement dans sa vie présente, mais encore dans toute sa vie passée ; sans cela on ne pourrait constater s'il est idiot ou imbécille, puisque ce vice est congénital. De plus , si cet examen n'était pas répété , si l'on se contentait de le faire une seule fois, on ne pourrait avoir une notion bien sûre du degré d'impuissance des facultés de cet individu. Dans l'exploration de sa vie passée, il serait souvent utile de s'informer de ses parens, de sa famille ; s'il s'y présentait déjà un autre idiot, ce serait une forte présomption propre à corroborer l'i-. diotie de celui soumis à votre examen. On devra aussi s'informer des circonstances qui ont accompagné la grossesse de celle qui lui a donné le jour ; recourir à l'enfance de l'individu, car il se pourrait qu'il eût éprouvé des violences externes à cet âge ou qu'il eût eu quelques maladies propres à arrêter le développement du cerveau, telles que l'épilepsie, etc. Il faudra donc toujours remonter dans le passé, dans lequel seul il sera possible de trouver les causes de cette lésion qui frappe vos regards.

M. Esquirol admettait deux degrés dans l'idiotie :

1°. L'idiotie véritablement congéniale.

2°. L'idiotie consécutive, survenue pendant le cours de l'enfance, au moment où devaient se développer les facultés intellectuelles et morales, mais que l'enfant n'aurait pas apportée en naissant.

Cette définition est assez peu importante, car il est de fait qu'il n'est guère possible de reconnaître l'idiotie au moment de la naissance, on ne pourra le faire qu'au moment où l'enfant devient impressionnable, au moment où il acquiert du développement.

Il faut encore dans cette exploration faire une grande attention à séparer tout ce qui provient du sexe, de l'âge ou de la condition, c'est-à-dire, de

la culture de l'esprit, en raison de la position sociale où était placé l'individu; ce n'est pas de ce
défaut de culture, de cette différence apportée par
le sexe ou par l'âge, que provient l'idiotisme,
mais il résulte de la mutilation seule du cerveau.

On conçoit aisément qu'il ne sera pas si facile de
faire cette exploration sur un imbécille et surtout
sur un imbécille qui l'est peu; car il y a seulement
une très petite différence entre la portée de l'esprit
de cet imbécille et celle d'un individu normalement
constitué, mais qui n'a pas reçu de culture; aussi,
les observations devraient-elles être souvent répétées, pendant des jours, des semaines et même
des mois.

Il faut encore, avons nous dit, faire l'exploration des autres organes des fonctions du corps
qui ont quelque connexion avec la fonction dont
vous faites l'examen, et qui pourraient être
perturbés par l'influence de cette fonction altérée, lésée. Or, cela encore est vrai pour la
fonction intellectuelle et morale; très fréquemment les lésions mentales entraînent des lésions
dans d'autres organes. Souvent, les idiots et les
imbécilles ont l'intégrité de leurs sens externes et
de leurs fonctions; il n'y a en eux que le centre de
perception qui soit altéré, qui soit même nul
mais souvent aussi le contraire s'observe, la constitution générale est altérée, les systèmes nerveux
supérieurs exercent une influence manifeste sur
les systèmes nerveux inférieurs; les systèmes
nerveux supérieurs ne peuvent être altérés sans
que les systèmes nerveux inférieurs le soient aussi;
de l'intégrité des premiers dépend l'intégrité des

seconds ; cette influence des systèmes supérieurs est d'autant plus grande : 1° que l'individu est plus élevé dans l'échelle des êtres ; 2° qu'il est moins avancé dans la vie ; 3° que la fonction à laquelle préside le cerveau est plus élevée dans l'animalité. Prouvons-le par des exemples : 1° cette influence est d'autant plus grande que l'individu est plus élevé dans l'échelle des êtres ; en effet, on peut couper la tête à des animaux inférieurs dans l'échelle des êtres, ils ne meurent pas, cette tête repousse ; est-ce possible chez l'homme ? 2° Que l'individu est moins avancé dans la vie ; en effet, l'homme pendant la vie fœtale peut vivre sans cerveau, l'acte de l'accouchement accompli, il ne peut plus vivre sans cela. 3° .Les fonctions du cerveau sont plus élevées que les fonctions sensoriales, celle de la nutrition par exemple.

Un individu ne peut être idiot ou imbécille sans que les systèmes inférieurs soient lésés ; aussi voit-on fréquemment chez eux des bras et des jambes disproportionnés, tordus ; ils sont ordinairement d'une petite stature ; ils sont pour la plupart lymphathiques, scrofuleux, écrouelleux ; leur vie est de peu de durée ; sur cent idiots observés par M. Pinel, quarante-deux étaient lymphathiques, vingt scrofuleux ou écrouelleux, un grand nombre épileptiques.

Il y a deux états qui peuvent assez bien simuler l'idiotie et l'imbécillité, et qu'il faut prendre garde de ne pas confondre. Ce sont : 1° la démence ; 2° certaines monomanies.

1° Dans la démence il y a aussi impuissance

de certaines fonctions; le tableau psychologique est pour ainsi dire le même que celui de l'idiotie, mais rarement le crâne est mal conformé ou plus petit que chez les hommes normalement constitués ; le cerveau a été primitivement bien organisé, ce n'est qu'accidentellement qu'il a été altéré. 2º De plus, il est rare que chez le dément, les expressions soient aussi nulles que chez l'idiot ; celui-ci présente sur sa face le caractère complet de la stupidité, jamais sa figure ne s'est présentée autrement qu'avec ce caractère ; le dément, au contraire, a une figure qui primitivement a été expressive ; l'aliénation l'a abrutie, mais pas au point où on la voit chez l'idiot. 3° Jamais chez le dément l'impuissance n'est aussi grande que chez l'idiot ; celui-ci, avons nous dit, vit pour le présent sans inquiétude pour l'avenir et sans souvenir du passé ; chez le dément, au contraire, le passé a laissé une empreinte ; il en conserve des souvenirs.

Nous avons dit aussi que certaines monomanies pouvaient simuler l'idiotie ; c'est M. Esquirol qui, le premier, a appelé l'attention sur ce point ; il a vu des individus qui, s'ils fussent morts dans l'état où il les observa d'abord, eussent passé pour des idiots ; ils étaient muets, incapables de tout mouvement, de subvenir à aucun de leurs besoins les plus prochains, même de se livrer d'eux-mêmes à l'acte de la défécation ; eh bien ! ces individus ont guéri, ils ont recouvré leurs facultés et l'on a vu que c'étaient des monomanes qui, pendant des mois et même des années, n'avaient agi ainsi qu'en vertu d'une idée fixe.

Après nous être livrés à la solution de la première question : y a-t-il idiotie ? etc., il nous reste à nous occuper de la seconde.

2ᵉ *Question.* Quel est le degré de cette idiotie ou de cette imbécillité ?

Nous savons que le magistrat peut consulter le médecin dans huit cas différens que nous avons énumérés ; chacun de ees cas peut se présenter pour le fait d'idiotie ou d'imbécillité ; on ne pourra y répondre sans avoir bien fait l'appréciation de ce vice mental. Supposons le premier cas :

1°. L'idiot soumis à votre examen est-il dans un état qui nécessite son interdiction ou la nomination d'un Conseil judiciaire ? D'abord, l'idiot et l'imbécille remplissent parfaitement la première condition de l'article 489 du code civil, car l'idiotie ou l'imbécillité est leur état habituel. L'article 489 ne parle pas d'idiotie, mais seulement d'imbécillité ; il paraît que ce dernier mot exprime tout pour le magistrat. Cependant, d'après tout ce que nous avons vu, les idiots doivent tous être interdits, tandis que des imbécilles peuvent fort bien ne pas l'être ; pourquoi la loi ne parle-t-elle pas des idiots ?

NEUVIÈME LEÇON.

23 avril 1836.

Messieurs,

Dans une de mes précédentes leçons je vous ai parlé de cinq facultés de l'homme ; je vous ai dit que c'était un être *sensible, intelligent, moral, raisonnable et libre ;* je vous ai montré dans leur entier ces cinq caractères de l'homme, je n'y reviendrai pas aujourd'hui ; toutes fois, je dois vous donner quelques explications sur la *liberté* de l'homme, puisque je n'ai pas été compris par un d'entre vous.

L'homme est libre en ce sens qu'il est apte à choisir entre les différens motifs qui le font agir. L'homme est de tous les animaux le plus libre, car il est celui qui a au plus haut degré, l'aptitude à établir un choix ; mais sa liberté n'est pas absolue, car il a toujours un motif qui le force à agir, ses actions tendent toutes à un but, et sa liberté ressort de cette aptitude qu'il a à choisir tel ou tel but, entre le bien ou le mal, et dans ce dernier cas, il s'expose aux châtimens imposés par les lois, qui sont là pour que l'homme n'abuse pas de cette liberté qu'il possède d'agir dans telle ou telle direction , selon son choix.

Je m'arrête ici , et je reprends, après cette petite digression, l'histoire de l'idiotie et de l'imbécillité.

Dans notre dernière leçon nous avons examiné par quels moyens on s'assurait si un individu était ou *idiot* ou *imbécille ;* nous avons vu que c'était par l'exploration du crâne , par la conformation de cette boîte osseuse ; nous avons vu aussi que c'était en examinant les différentes fonctions, et surtout les sensations de l'individu soumis à l'expertise ; enfin, Messieurs, nous sommes arrivés à examiner quel était le degré de l'idiotie et de l'imbécillité, et nous avons reconnu qu'il y avait autant de degrés qu'il y avait d'individus idiots ou imbécilles ; mais nous avons vu aussi que le magistrat pouvait réclamer le secours du médecin légiste dans huit cas différens : en sorte que l'expertise peut être ordonnée à l'effet de savoir ,

1° Si l'interdiction peut être prononcée.

2° Si une donation ou un testament sont valables.

3° S'il y a lieu à former opposition à un mariage, ou à annuler un mariage déjà formé.

4° S'il y a lieu d'exempter un individu de ses devoirs de citoyen ou de famille.

5° S'il y a lieu à ajouter foi au témoignage d'un idiot ou d'un imbécille ; et jusqu'à quel point il est responsable de ses actions.

6° S'il y a lieu à révoquer une donation.

7° S'il est dans un état tel qu'il puisse être con-sidéré comme responsable de délits et crimes.

8° Enfin, s'il y a lieu à appliquer la loi du 24 août 1790 qui ordonne la séquestration des idiots ou imbécilles abandonnés sur la voie publique.

Nous avons examiné le premier de ces huit cas, et nous avons vu que l'article 489 du code civil devait être rejeté, quant à la lettre; que c'était surtout au sens de la loi qu'il s'en fallait tenir, car il n'y est pas fait mention des idiots, mais seule-ment des imbécilles, des déments et des furieux: or, si les imbécilles sont sous le poids de cet arti-cle, les idiots doivent en être, à plus forte raison, passibles.

Dans cette séance, Messieurs, nous allons nous occuper des sept autres cas pour lesquels les ma-gistrats peuvent ordonner l'expertise aux médecins légistes.

2° Une donation ou toute autre convention peut-elle être faite par un idiot?

Les art 503, 504 et 901 du code civil, s'expri-ment ainsi :«Art.503. Les actes antérieurs à l'inter-diction pourront être annulés, si la cause de l'interdiction existait notoirement à l'époque où ces actes ont été faits. »

« Art. 504. Après la mort d'un individu, les actes par lui faits ne pourront être attaqués pour cause de démence, qu'autant que son interdiction aurait été prononcée ou provoquée avant son dé-cès; à moins que la preuve de la démence ne ré-sulte de l'acte même qui est attaqué. »

« Art. 901. Pour faire une donation entre-vifs

ou un testament , il faut être sain d'esprit. »

Remarquons encore ici, Messieurs, que le texte de la loi emploie le mot *démence* : pourquoi le législateur n'a-t-il pas placé le mot *idiotie*? Ici encore nous devons nous attacher au sens et non au texte de la loi, car plus loin nous voyons, art. 901, qu'un individu qui veut tester ou faire une donation doit être *sain d'esprit*.

Ici assurément nous devons appliquer la loi aux idiots; car que doit-on entendre par ces mots *sain d'esprit*? C'est assurément la portée de l'intelligence d'un individu; or, cette intelligence est nulle chez les idiots ; un imbécille , au contraire, peut être sain d'esprit, en ce sens qu'il exerce son intelligence, bien que la portée en soit fort bornée. Le législateur a voulu faire entendre encore par ces mots sain d'esprit, que l'intelligence ne devait pas être sous l'influence des douleurs physiques et de l'affaiblissement chez ceux qui testaient ; car, ici, il faut aussi considérer dans quelles circonstances se font le plus ordinairement les donations, et surtout les testamens : n'est-ce pas, en effet, à l'approche de la mort, quand la vie s'épuise par les douleurs, que se font ces actes par lesquels un individu substitue sa volonté à l'esprit de la loi ? Il faut donc que le testateur ait voulu ce qu'il a fait ; on doit donc, dans une expertise, rechercher si le testateur était libre moralement : or, Messieurs, ce cas est impossible chez l'idiot, mais il est possible chez l'imbécille.

3° Nous arrivons maintenant au cas pour lequel un médecin peut être appelé à juger s'il y a lieu à former opposition à un mariage, ou à annuler ce mariage: l'article 1108 du code civil s'exprime ainsi: « Quatre conditions sont essentielles pour la validité d'une convention : le consentement de la partie qui s'oblige ; sa capacité de contracter, etc. »

Or, le mariage est un acte d'entendement et de volonté, il faut donc pour le contracter en comprendre toutes les obligations, il faut donc que l'intelligence soit dans sa plénitude ; or, l'idiot et l'imbécille sont-ils en état de comprendre ? Non; il faudra donc appliquer la loi ; cependant la loi a permis dans les lieux où l'on observe fréquemment le crétinisme, le mariage aux crétins.

4o Y a-t-il lieu d'exempter un individu de l'accomplissement de ses devoirs civiques et de ses devoirs de famille? Tous les citoyens ont à remplir des devoirs de société ou des devoirs de famille ; mais pour remplir ces devoirs, il faut être pourvu de ses capacités physiques et morales ; il faut en second lieu pouvoir remplir la charge confiée sans que la santé soit mise en danger : or, un idiot ou un imbécille sont-ils dans les conditions nécessaires? Non, car ils ne possèdent pas toutes leurs capacités, ils peuvent dans la gestion de leurs affaires, comme dans celles qu'ils auraient à gérer, comme tuteurs, par exemple, compromettre et leurs intérêts et ceux des familles : de plus l'art. 434 du code civil exempte tout individu atteint d'infirmité grave ; or, n'est-ce pas une infirmité très grave que la lésion qui enlève le jugement? Ainsi donc, sans aller plus loin, nous voyons que les idiots et les imbécilles doivent être exemptés des devoirs qui pourraient leur être imposés par les lois sociales et par les lois de famille.

5° Le cinquième cas qui se présente à examiner, est celui dans lequel on est appelé à prononcer si tel individu est responsable de ses actions; ou si l'on doit ajouter foi à ses paroles; en un mot, s'il agit ou s'il parle avec discernement.

Il est facile de comprendre ici qu'un idiot est inapte à juger, et que, par conséquent, il ne peut être responsable de ses actions. Quant à son témoignage, il ne peut être valide; car assurément l'idiot est dépourvu de discernement.

6° Le sixième cas est celui dans lequel on examine s'il y a lieu à révoquer une donation : d'après la loi toute donation est irrévocable, excepté pour cause d'inexécution des conditions, pour fait d'ingratitude, et pour cause de survenance d'enfans : l'art. 955 du code civil dit : « La donation entre-vifs ne pourra être révoquée pour cause d'ingratitudeque dans les cas suivans : 1° si le donataire a attenté à la vie du donateur; 2° s'il s'est rendu coupable envers lui de délits, sévices ou injures graves ; 3° s'il lui refuse des alimens. »

Or, un idiot ou un imbécille, en faveur duquel aurait été faite une donation, est-il responsable des injures, des sévices qu'il a exercés contre le donateur? non assurément, puisque nous avons vu plus haut que l'idiot et l'imbécille agissaient sans discernement.

7° Les idiots et les imbécilles sont-ils responsables des délits et crimes qu'ils commettent? En général les idiots commettent souvent des crimes ou des délits : les uns sont enclins au vol, au meurtre, à la lubricité ; aussi, soùvent commettent-ils des attentats à la pudeur ; il est une classe d'hommes chez lesquels l'intelligence est très bornée et qui restent ainsi pendant toute leur vie, faute de cultiver cette intelligence ; c'est cette classe d'hommes que M. Georget a désignée en nommant les êtres qui la composent *demi-imbécilles*; c'est surtout chez eux qu'on rencontre la propension au vol. Quelquefois même les larcins sont commis par les idiots avec tant de finesse que les magistrats pensent qu'ils ont été faits avec discernement : et cependant ce serait à tort qu'on les déclarerait responsables de ces actions.

8° La huitième question est relative à la séquestration des idiots et des imbécilles abandonnés sur la voie publique.

Ici le médecin est appelé à constater si tel individu rencontré sur la voie publique, en état d'idiotie ou d'imbécillité, doit être séquestré, si enfin son état l'expose à se nuire à lui-même, ou à nuire aux autres.

Tels sont les cas dans lesquels le magistrat peut invoquer l'aide du médecin légiste. Nous allons maintenant examiner un état qui rapproche les êtres, qui le présentent, des imbécilles et même des idiots, je veux parler des sourds-muets.

De la surdi-mutité.

L'impuissance congénitale dont nous nous sommes occupés dans les précédentes leçons, l'idiotie et l'imbécillité, dépendent d'un vice du cerveau; celle dont nous avons à parler maintenant dépend d'un vice des sens.Si les sens manquent ou si quelques-uns d'entre eux ne peuvent accomplir leur service, l'individu, ne pouvant par cela même accomplir les fonctions qui se rattachent à ces sens, reste dans un état d'intelligence inférieure à celle des autres hommes, dans une sorte d'imbécillité. Les sens sont absolument nécessaires au développement de l'esprit ; tous les philosophes ont reconnu cette vérité, mais tous n'ont pas été du même avis: ainsi, les uns, et parmi eux il nous faut placer Aristote et Condillac, ont considéré les sens comme apportant les matériaux de l'intelligence. D'autres ont reconnu aussi qu'ils étaient nécessaires au développement de l'intelligence, mais ils n'en ont fait que des instrumens secondaires, et c'est exclusivement dans le cerveau qu'ils ont placé ces organes indispensables à la production des sensations, c'est parmi ceux-là que nous trouvons le célèbre Gall ; ainsi donc il est impossible que l'esprit humain fasse des progrès sans les langues parlées ou écrites : c'est de-là que sont venus le calcul et les différens signes écrits, car il a bien fallu par ces signes aider à la mémoire ; on comprend bien, en effet, que s'il avait fallu compter, par exemple, en ajoutant à un une nouvelle unité et en s'exprimant ainsi : *un plus un*, pour dire deux, *un plus un plus un*, pour dire trois, la mémoire se fût promptement trouvée en défaut.

DIXIÈME LEÇON.

26 avril 1836.

MESSIEURS ,

Nous avons commencé, dans la dernière séance, les recherches relatives à l'histoire de la *surdi-mutité* considérée médico-légalement. Je vous ai dit que cette impuissance qui constitue la *surdi-mutité* n'était plus, comme l'idiotie, dépendante d'un vice du cerveau, mais qu'elle résultait d'une imperfection dans l'organe du sens de l'ouïe; nous avons été amené par ces considérations à reconnaître avec tous les philosophes que l'exercice des sens était absolument nécessaire au développement de l'intelligence, à l'éducabilité de l'homme. Nous vous avons fait connaître à ce sujet, les opinions diverses des philosophes. Enfin j'ai été amené à diviser, sous ce point de vue, les sens en *nutritifs*, ou sens qui ne serventpas à l'esprit, et en *intellectuels* : ceux-ci sont destinés à recueillir les langues et les signes, en unmot, les différens moyens par lesquels l'homme se met en rapport avec les objets qui l'entourent , et surtout avec ses semblables; enfin, nous avons vu qu'il y avait peu d'individus dépourvus des quatre sens intellectuels, mais qu'on en voyait un cas assez remarquable dans Spurzheim; enfin, nous savons que les sourds-muets sont en assez grand nombre, et je vous ai dit qu'en raison de cette grave infirmité, ils se trouvaient sous le rapport intellectuel au-dessous des autres hommes. Arrivons donc maintenant, Messieurs, à l'histoire de la *surdi-mutité*.

La *surdi-mutité* est un vice congénial de l'organe de l'ouïe, vice congénial qui entraîne avec lui la privation de la parole; on a cru, fondant cette opinion sur l'absence de la parole, que non seulement il y avait, chez les sourds-muets, un vice dans l'organe destiné à la perception des ondes sonores, mais qu'aussi il y avait une altération dans l'organe destiné à la production de la parole; mais depuis Vallès, chirurgien de Philippe II, roi d'Espagne, on a reconnu qu'il n'y avait point d'altération dans l'appareil vocal. Quel est donc le vice qui existe dans l'organisation de l'appareil de l'ouïe? Quel est le siége de l'altération? Tantôt c'est dans le nerf que se rencontre, ou plutôt qu'existe cette altération, d'autres fois au contraire, c'est dans l'instrument acoustique qui le précède. Comme vous le savez, Messieurs, tout organe destiné à un sens, se compose: 1° d'un nerf destiné à faire éprouver la sensation, à transmettre au centre sensorial; 2° d'un instrument acoustique, calculé d'après les impressions que l'appareil est destiné à transmettre; ainsi pour la vue c'est une lunette, pour l'ouïe c'est un canal dans lequel les ondes so-

nores viennent se concentrer, et dans tous les sens
cet instrument est destiné à recevoir, à concentrer
l'agent de la sensation. Eh bien, c'est tantôt dans
le nerf qu'on appelle acoustique qu'est l'altération
d'où résulte la surdi-mutité; il y a, en effet, atrophie de ce nerf, désorganisation de son tissu,
ou d'autres altérations qu'il est inutile de vous citer ici; d'autres fois, au contraire, l'altération existe
dans l'instrument destiné à recevoir les ondes sonores, dans l'oreille; tantôt c'est un épaississement
de la membrane du tympan, d'autres fois une obs-
truction de la trompe d'Eustache ou des canaux
demi-circulaires, ou bien une discontinuité dans
la chaîne des osselets; il est quelquefois très difficile, souvent même impossible de reconnaître l'altération qui produit la surdi-mutité pendant la
vie de la personne qui présente ce vice; quelquefois les recherches anatomiques les plus profondes
sont infructueuses.

Les sourds-muets sont rarement privés absolument de l'ouïe; dans le plus grand nombre de
cas, ils peuvent jusqu'à un certain point entendre quelques sons.

M. Itard, qui s'occupe depuis de longues années
de ce vice congénial, a divisé les sourds-muets en
plusieurs classes ou catégories, en raison du degré
auquel est portée leur infirmité.

Ainsi, dans une première classe il a placé ceux
qui sont tout-à-fait sourds, et il pense que le nombre de ces malheureux s'élève à peu près à la
motié du nombre total.

Dans une seconde classe, il a placé ceux qui

peuvent percevoir des bruits très-forts ; le nombre est de deux cinquièmes.

La troisième classe renferme ceux qui peuvent entendre les consonnes ; le nombre est d'environ un vingt-quatrième.

Enfin, dans la quatrième classe, l'illustre observateur a placé les sourds-muets qui peuvent entendre les voyelles. Mais, quelque variation qu'ils présentent, quel que soit le degré de leur surdité, jamais les sourds-muets ne peuvent être accessibles à l'audition indirecte, audition par laquelle les hommes exercent le plus leur intelligence ; de ce fait il résulte cette conséquence, savoir que le sourd le soit tout-à-fait ou qu'il ne le soit qu'incomplètement ; le résultat est toujours le même, et voici comme il faut l'expliquer :

Les sourds-muets qui cependant entendent un peu, ceux qui entendent les voyelles, par exemple, sont toujours obligés de faire des efforts pour entendre ; or, il est très rare qu'ils fassent ces efforts nécessaires au développement de la fonction lésée ; ainsi, par exemple, il est impossible d'obtenir cela d'un enfant, en sorte que celui qui n'était que presque sourd finit par le devenir tout-à-fait ; ainsi, il avait apporté en naissant quelque disposition à prononcer certains sons vocaux, et il a fini par perdre entièrement l'usage de la parole, pour n'avoir pas cultivé le peu de dispositions que la nature lui avait données.

Vous avez vu que **M.** Esquirol avait partagé les idiots en deux catégories, ceux qui le sont en venant au monde, ou les idiots congéniaux, et ceux qui le sont devenus pendant la première enfance; de même, M. Itard reconnaît que l'on peut établir la même division chez les individus atteints de surdi-mutité; ainsi il divise les sourds-muets en congéniaux et en ceux qui le sont devenus pendant les premières années de leur vie : toutefois, il est rare que cette sorte de surdi – mutité survienne plus tard que la septième ou huitième année. Ces différentes variétés de sourds ont toutes été confondues sous le nom unique de sourds-muets, et dans la pratique il est très difficile, pour ne pas dire impossible, de les distinguer les unes des autres. Quoi qu'il en soit, cette infirmité entraîne avec elle trois effets : 1° le mutisme, ou l'impossibilité de faire usage de la parole, de ce sens qui est le plus généralement employé, de ce sens au moyen duquel les hommes transmettent leurs idées aux autres, et qui sert au plus haut degré au développement de l'intelligence ; 2° l'isolement social du sourd-muet, car ne pouvant, en raison de son infirmité, entendre le langage ordinaire des hommes, qui alors ont plus de difficulté à se faire comprendre, il en est abandonné, et souvent même il fuit leur société ; 3° en raison de ce mutisme et de cet isolement social, il en résulte pour le sourd-muet une moindre éducabilité, partant plus d'ignorance, moins d'extension dans les qualités essentielles de l'homme sensible, intelligent, moral, raisonnable et libre. Vous m'entendrez souvent répéter ces cinq qualités, car elles font le caractère distinctif et essentiel de l'homme.

1° Il est évident, Messieurs, que le sourd de naissance est muet ; il y a en effet une corrélation irrésistible entre l'ouïe et la parole, et je n'en prends pour preuve que ce seul fait : les inflexions si variées de la voix et les accens aussi variés ; inflexions et accens qui sont transmis aux enfans par leurs parens et dont il est si difficile de se défaire dans un âge plus avancé ; il est donc inutile que je m'arrête plus long-temps sur la réalité de ce fait.

2° La deuxième conséquence, ai-je dit, est de laisser le sourd-muet dans un isolement social, sinon complet, au moins presque complet, relativement aux autres hommes ; car il ne peut transmettre ses sensations par la parole et ne peut recevoir des autres hommes les instructions nécessaires au développement de son intelligence. Sans doute il n'est pas dans un isolement absolu ; car, à l'aide des gestes, il peut essayer à faire connaître les sensations qu'il éprouve ; mais vous savez quelle répugnance les personnes qui parlent ont à se servir de ce moyen de communication qui, du reste, est très-imparfait.

Je dirai plus, il est même désavantageux pour le sourd-muet de se trouver parmi des hommes qui parlent, et je partage tout-à-fait, à ce sujet, l'opinion de Gall et de M. Itard, qui ont avancé qu'une société de sourds-muets ferait beaucoup plus de progrès dans le développement de son intelligence, si elle était abandonnée à elle-même, qu'étant entourée d'hommes avec lesquels ils ne peuvent communiquer comme ils le font entre eux.

3° Il résulte évidemment de ces deux faits une

moins grande éducabilité ; car ils ne possèdent pas les sources au moyen desquelles l'homme perfectionne son intelligence, et ce n'est que par des moyens dont je vous parlerai un peu plus tard qu'on peut les éduquer et les placer au même niveau que les autres hommes.

Ne croyez pas que je veuille conclure de là que le sourd-muet est de toute nécessité imbécille ; car l'ouïe et la parole ne sont pas les seuls moyens de s'entretenir. En outre, bien que les sourds-muets soient, sous le rapport intellectuel, au-dessous des autres hommes, que leur éducabilité soit moins grande, ils peuvent cependant recevoir quelque instruction ; leur intelligence peut se développer, mais il faut pour cela que le cerveau soit intact, et dans ce cas le sourd-muet est apte à recevoir un certain degré d'instruction ; mais, malheureusement, il y a au moins un quarantième des sourds-muets qui sont idiots. Mais, en supposant, comme je viens de vous le dire, que le cerveau est intact, on peut leur donner de l'éducation, développer leur intelligence et les mettre au niveau des autres hommes, seulement ils ont plus de difficultés à être éduqués : aussi pourrais-je vous citer une foule de sourds-muets qui ont profité des soins qu'on a mis à cultiver leur intelligence, et cela dépend surtout, Messieurs, de leur organisation et de leur situation sociale ; car tous les hommes, et les sourds-muets n'en sont pas exclus, sont soumis à ces deux lois.

Les hommes ne sont pas restés là ; ils ont fait des efforts pour cultiver l'intelligence des sourds-

muets, pour les éduquer et pour conjurer les inconvéniens qui résultent nécessairement de leur
infirmités.

1º Les médecins ont d'abord cherché à guérir
les sourds-muets de leur infirmité. Il a été
quelquefois possible d'y parvenir; mais vous pou-
vez facilement conclure, d'après ce que je vous dis
plus haut de la lésion qui pouvait être la cause de
la surdi-mutité, que les cas de guérison ont dû être
rares, puisqu'il est quelquefois impossible, même
après la mort, de découvrir l'altération, et que
très-souvent, pendant la vie, on n'a pu la découvrir; cependant, dans quelques cas d'oblitération
de la trompe d'Eustache, ou de trop grande épais-
seur de la membrane du tympan, on a pu réussir;
mais, je le répète, cela n'a lieu que très-rarement.

2º Dans le deuxième ordre d'efforts on a mieux
réussi. Ces efforts ont consisté dans l'institution
d'un système de signes par lesquels on peut rem-
placer, pour ainsi dire, les paroles, de sorte qu'on
a traduit notre parole et aussi notre écriture : par
ce moyen on est parvenu à faire participer les
sourds-muets à notre langage, et on a réussi à les
faire lire; ce système se compose d'images, de figures, au moyen desquelles on exprime la parole;
il a fallu par conséquent un très grand nombre de
ces figures pour pouvoir rendre tout; les pronoms
sont exclus de ce système, et il en résulte de là
une grande difficulté; on a fait des signes différens pour chaque nombre, de telle sorte que ce
langage est très prolixe, et difficile à saisir; quelquefois les sourds-muets l'abrégent, et il résulte

de là que souvent ils ne se comprennent pas. Il est impossible, d'après M. Itard, de les faire écrire sans imperfections, on est parvenu à les faire lire dans l'espace de douze années ; il est facile de juger combien de soins demande l'éducation d'un sourd-muet.

3° Le troisième genre d'efforts employés pour parvenir à éduquer les sourds-muets est celui par lequel on a cherché à étendre chez eux la puissance de l'ouïe, et à les amener peu à peu à parler; comme on le voit, ce système n'est applicable qu'à ceux qui ne sont pas absolument sourds, et c'est par l'exercice de l'organe lésé qu'on est parvenu à ce résultat; et l'on peut voir, dans un mémoire fort curieux de M. Itard, le procédé ingénieux par lequel il a voulu les faire entendre. Il y a à l'institut des sourds-muets une classe spéciale dans laquelle on leur apprend à entendre et à parler.

Ne croyez donc pas que je prétende que cette infirmité entraîne nécessairement avec elle l'imbécillité ; non, Messieurs ; mais si l'imbécillité n'est pas la conséquence forcée de la surdi-mutité, elle en est une conséquence possible, je dirai plus, une conséquence fréquente ; car, Messieurs, ce n'est que chez ceux qui sont placés dans une position sociale avantageuse qu'on peut employer les moyens dont je viens de parler, et les malheureux qui sont abandonnés à eux-mêmes deviennent imbécilles, sinon absolument, au moins d'une manière relative; ainsi, ils ignoreront bien plus que les autres hommes le bien et le mal.

M. Itard, qui vit avec eux et leur consacre sa

vie, nous en présente le tableau psychologique suivant : « Ils ignorent beaucoup de choses que tous
les hommes connaissent ; ils se méfient des autres
hommes ; ils sont peu aimans , peu compatissans ;
l'amour qu'ils éprouvent pour les femmes est purement physique ; ils sont exempts de tristesse, peu
sensibles , cependant les femmes présentent une
sensibilité beaucoup plus grande ; ils sont impa-
tiens , colères , irréfléchis , et cependant fiers ,
rusés ; ils sont religieux , crédules , etc. »

Je regarde ce tableau comme fictif, car on y rencontre beaucoup de contradictions ; ainsi M. Itard
nous les représente comme irréfléchis , et cependant rusés. Or, Messieurs, il est bien difficile d'admettre la ruse sans la réflexion. Mais voici la considération qui me porte à regarder le tableau tracé
par M. Itard comme fictif : c'est que l'organisation du cerveau chez tous les hommes fait leur caractère , car la conformation de certaines parties
du cerveau est en rapport avec certains penchans ;
or, Messieurs , cela peut se rencontrer chez le
sourd-muet , puisque la surdi-mutité dépend , non
d'un vice du cerveau , mais d'un vice de l'organe
destiné à l'ouïe ; et c'est encore en vertu de cette
organisation que le sourd-muet sera plus ou moins
éducable ; en général , un sourd-muet sera intelligent et bon en raison de l'organisation et du développement de son cerveau. Ainsi je comprends
très bien qu'à raison des différens degrés de son
infirmité , il sera plus ou moins éducable , mais
les variations de son caractère seront en raison de
son organisation cérébrale.

Telle est l'histoire des sourds-muets ; c'est donc avec la connaissance des faits que nous venons d'exposer, qu'on sera à même de faire une expertise à l'occasion d'un sourd-muet.

Examinons maintenant ce qui les concerne dans la législation :

La législation reconnaît leur capacité civile ; le droit romain les en privait, il les déclarait inaptes à la gestion de leurs biens.

Pour que le Code civil les prive de la capacité civile, il faut prouver qu'ils sont dans les conditions demandées par l'article 174, c'est-à-dire, quand ils sont en état de démence. De même ils sont responsables des crimes et délits qu'ils commettent, à moins qu'ils ne soient dans un état de démence. Les sourds-muets sont exemptés de certains devoirs civiques et des devoirs de famille ; enfin, un sourd-muet ne peut tester s'il ne sait écrire : un testament en effet est un acte par lequel on substitue sa volonté à la loi ; examinons combien il y a de sortes de testamens : nous en trouvons trois sortes, le testament public, le testament olographe et le testament mystique ; or, ces trois sortes de testamens doivent être ou dictés ou écrits par le testateur ; or, un sourd-muet ne saurait dicter un testament ; il est donc essentiel qu'il sache écrire, car alors il pourra écrire lui-même son testament. La loi ne lui permet pas de donner par donation, mais il peut recevoir, et l'art. 936 s'exprime en ces mots :

« Le sourd-muet qui saura écrire pourra accepter lui-même ou par son fondé de pouvoir. S'il ne sait pas écrire, l'acceplation devra être faite par un curateur nommé à cet effet, suivant les règles établies, au titre *de la minorité, de la tutelle et de l'émancipation.* »

Voyons maintenant dans quel cas on peut invoquer l'expertise relativement à un sourd-muet. Eh bien ! Messieurs, le magistrat peut invoquer cette expertise dans huit cas différens et qui sont absolument les mêmes que ceux que j'ai indiqués à l'occasion des idiots et des imbécilles ; ainsi je me dispenserai d'entrer dans de plus grands détails à ce sujet, je renvoie à ce que j'ai dit à l'occasion de l'idiotisme et de l'imbécillité ; ainsi, soit le cas où il faut prononcer l'interdiction d'un sourd-muet, il faudra interroger son état intellectuel et moral, bien examiner la portée de son intelligence, voir enfin s'il ne peut pas mettre, abandonné à lui-même, sa personne et ses biens en danger.

« En général, dit M. Itard, tout sourd-muet qui n'a pas été éduqué doit être assimilé à un idiot ; ils doivent donc être interdits ; pour ceux au contraire qui ont été éduqués, il faut un conseil judiciaire. »

L'interdiction, comme nous l'avons vu, est la suspension complète de tous les droits civiques et de famille ; l'individu interdit a un tuteur chargé de la gestion de ses biens.

L'assistance d'un conseil judiciaire est une demi-interdiction ; ainsi celui qui est soumis à un conseil judiciaire, ne peut rien faire sans l'assentiment de son conseil, et *vice versá.*

2° S'agit-il d'infirmer les actes d'un sourd-muet en vertu de l'article 901, il suffira de savoir s'il a bien compris et s'il a bien voulu ce qu'il a fait; encore une fois, on substitue dans un testament sa volonté à la loi, il faut donc être bien en état de comprendre et de vouloir ce qu'on fait.

Le sourd-muet peut se marier s'il comprend bien, et s'il peut manifester évidemment son consentement; je ne dirai rien de particulier sur les autres cas, pour lesquels le magistrat peut invoquer l'expertise, car je répéterais ce que je vous ai déjà dit. Cependant j'ai quelque chose à dire sur l'application de l'article 64 du Code pénal.

Il faut que vous connaissiez bien pour cela l'individu soumis à l'expertise; mais comment parviendrez-vous à l'interroger? Il y a quelques préceptes à vous donner pour vous diriger dans la manière que vous devez employer pour arriver à ce but, mais comme le temps me manque, je n'entre pas plus avant dans le sujet que nous traitons. Dans la prochaine leçon je continuerai l'histoire de la surdi-mutité, et je commencerai un troisième ordre d'altération; je veux parler de la *démence.*

ONZIÈME LEÇON.

28 avril 1836.

Messieurs ,

Nous avons fait , dans notre dernière leçon , l'étude médicale de la surdi-mutité , et nous avons examiné les divers cas dans lesquels on peut demander une expertise judiciaire ou administrative , à l'égard d'un sourd-muet : nous avons vu que , de même que pour l'idiot , ces cas se réduisaient à huit. Je suis resté à l'appréciation de l'état mental d'un sourd-muet et à l'application de l'art. 64 du Code pénal ; et nous pouvons réduire la question à celle-ci :

Devra-t-on déclarer irresponsable des crimes ou délits qu'il aura commis un sourd-muet?

Il est facile de prévoir que la déclaration sur cette responsabilité devra dépendre du degré d'instruction qu'il aura acquis. M. Itard dit que le sourd-muet doit être assimilé à l'idiot : il veut qu'on se rappelle qu'ils sont colères : il veut qu'on n'oublie jamais qu'ils peuvent avoir des motifs d'agir inhérens à leur infirmité ; cependant, il convient que, pour ceux qui savent lire, la colère ne doit plus être une circonstance atténuante ;

de plus , il dit qu'ils ont à un degré énergique le sentiment de la propriété, du meurtre ; quant à la préméditation, l'observateur que nous avons cité pense qu'elle est le plus souvent hors de la portée de leur intelligence.

Ainsi, la responsabilité qui devra peser sur un sourd-muet, sera en raison du développement de son intelligence , et je crois devoir vous citer à cet effet, un fait rapporté par la *Gazette des Tribunaux* : « Un sourd-muet fut accusé d'avoir voulu introduire dans l'enceinte d'une ville , des viandes soumises à l'octroi et d'avoir employé des violences envers les gardes qui s'opposaient à cette action ; son défenseur prétendait qu'il ne pouvait comprendre qu'il ne fut pas permis d'introduire ainsi des objets de première nécessité, et qu'alors il ne devait pas être regardé comme responsable ; M. Pommier , directeur de l'Institut des sourds-muets fut consulté à l'effet de savoir s'il pensait qu'un sourd-muet pût comprendre ce que c'était que l'octroi , et il répondit que , s'il avait été éduqué , il pouvait comprendre que les citoyens avaient des charges à remplir ; mais comme dans l'espèce l'individu n'avait pas reçu un degré d'éducation suffisant , il fut acquitté. »

Je ne dirai rien des trois autres cas , pour lesquels on peut réclamer l'expertise ; l'esprit de ces expertises doit vous être connu, c'est la même chose que pour les cas relatifs aux idiots.

Quant à cette expertise, il s'agira ici de constater les résultats que la surdi-mutité a eu sur l'intelligence de l'individu soumis à l'expertise ; ce qui est surtout difficile, c'est l'appréciation de cette influence sur l'intelligence et sur l'éducabilité du sourd-muet. Vous devez procéder comme je l'ai déjà dit :

Établir d'abord l'état des sens externes, s'assurer s'il y a spontanéité dans l'exercice de leurs fonctions ; en second lieu, s'assurer si les sensations internes s'exercent aussi spontanément ; examiner ensuite l'état intellectuel et moral de l'individu ; s'assurer s'il possède bien le sentiment du moi ; jusqu'à quel point il a montré de l'éducabilité ; s'il a une certaine puissance de mémoire, d'attention ; examiner en quatrième lieu les facultés affectives, les sentimens de famille ; s'il est susceptible d'attachement et de haine ; s'il y a équilibre entre ses différentes facultés ; enfin, s'assurer du développement des facultés religieuses et morales. En cinquième lieu étudier l'être extérieur, étudier avec soin les signes dont il se sert, ses moyens de communication avec les autres hommes, l'expression de sa physionomie ; ainsi on devra voir les lettres qu'il a écrites ; la manière dont elles le sont, les fautes de différentes sortes qu'elles peuvent renfermer.

L'exploration dont je vous parle, est plus difficile chez le sourd-muet que dans beaucoup d'autres cas ; en effet, 1º la personne soumise à cette exploration ne peut parler ; il est donc impossible que vous puissiez profiter de ce moyen si répandu et si facile ; 2º elle ne peut vous entendre ; 3º enfin, dans beaucoup de cas elle ne saura pas écrire ; et quand le sourd-muet, qui fait le sujet de l'expertise, saura écrire, qu'il aura reçu de l'éducation, il faudra encore que vous vous serviez d'un interprète, car vous ne connaissez pas sa langue, les moyens enfin dont il se sert pour transmettre aux autres ses idées, ses sensations. On peut donc interroger le sourd-muet de trois manières : au moyen de l'écriture, de la parole, ou enfin au moyen d'un interprète : de ces trois modes, M. Itard préfère l'interrogatoire par écrit, et il dit qu'un sourd-muet qui sait écrire est devant ses juges comme un autre homme.

Pour qu'on puisse l'interroger par la parole, et vous savez qu'il y en a quelques-uns qui entendent, il faut que leur attention soit bien soutenue, qu'elle soit toute entière fixée sur les paroles qu'on leur adresse : ce procédé présente quelques inconvéniens, car on a à réprimer l'impatience, l'étonnement, que ce mode d'expertise peut produire, et aussi, messieurs, dans ces cas la moquerie dont ils pourraient être l'objet. Les questions qui leur seront adressées devront être simples, quel que soit du reste le mode d'interrogation qu'on devra employer. Si le sourd-muet répond bien de suite aux premières questions, il sera facile d'apercevoir jusqu'où s'étend la portée de son intelligence ; en supposant qu'il ne répondît pas bien de suite, qu'il fût lent dans ses réponses, il ne faudrait pas se presser de porter son jugement, car la timidité et beaucoup d'autres causes peuvent exercer une influence désagréable sur lui. Il ne faut pas non plus juger la réponse sous le point de vue grammatical ; enfin, on devra prendre des renseignemens auprès des parens, des personnes avec lesquelles il vit ordinairement, réclamer des travaux qu'il aura pu faire antérieurement.

M. Itard, se fondant sur ce qu'ils possèdent bien la connaissance de la propriété, a conseillé de les accuser d'un crime ou d'un délit supérieur à celui pour lequel ils sont poursuivis ; car alors ils se défendent avec chaleur, et on peut juger par là jusqu'à quel point ils peuvent être responsables du fait qui leur est imputé. Je trouve que c'est tendre un piège à la bonne foi, je blâme donc ce conseil : il est indigne d'entrer comme moyen d'instruction dans une cour d'assises. La solennité d'une telle cour est au-dessus de semblables moyens ; et, messieurs, on ne doit pas plus se servir de moyens semblables dans le secret de l'instruction que dans les débats publics d'une cour ; ce moyen doit donc être rejeté.

Je terminerai ici, messieurs, ce qui a rapport à la surdi-mutité, et nous allons nous occuper d'une des altérations des fonctions du cerveau pour lesquelles le médecin légiste est souvent consulté, je veux parler de la démence.

De la Démence.

C'est, comme je vous l'ai déjà dit, la troisième altération du cerveau, c'est une impossibilité d'exercer les actes intellectuels, c'est une altération mentale, mais survenue depuis la naissance ; tandis que nous avons vu que les deux premières

étaient congénitales, celle-ci peut s'appeler acquise ; pour le jurisconsulte, la démence est une
altération mentale pure et simple, c'est même
le plus souvent le seul mot employé par le législateur pour désigner les différens modes d'altérations mentales pour lesquelles il est nécessaire
d'appliquer aux sujets qui les présentent certains
articles du Code : il n'y a que l'article 489 dans
lequel ce mot soit uni à d'autres termes signifiant
aussi des altérations du cerveau ; ainsi, pour nous,
il n'y a aucun doute, la démence est une impuissance de l'esprit survenue depuis la naissance.
Dès leur origine, l'idiot et l'imbécile n'ont pas
dans le jugement la portée nécessaire ; chez le
dément, au contraire, cette portée de l'intelligence a existé ; elle a disparu à la suite de quelqu'affection, de quelque maladie du cerveau, ou
de quelqu'autre cause. Comme nous le voyons,
la démence produit les insensés qu'il ne faut pas
confondre avec les idiots et les imbéciles, non
plus qu'avec les furieux et les maniaques : dans
le premier cas, l'idiot et l'imbécile, l'impuissance de l'esprit existe depuis la naissance ; dans
le second cas, elle est survenue pendant le cours
de la vie ; quant au fou et au maniaque, il n'y a
pas impuissance de l'esprit ; l'esprit n'est pas
affaibli, ce sont des êtres chez lesquels il y a perversion de l'intelligence.

De tout temps, et M. le professeur Orfila partage cet avis, on a fait de la démence un troisième genre de folie ; je ne partage pas cette opinion, et je pense que la démence doit en être

distraite ; elle en est souvent la terminaison, c'est même pour cela qu'on les a rattachées dans le même groupe ; mais chez l'un, je le répète, il y a impuissance, et chez l'autre il y a perversion.

D'après ce que nous venons de dire, que la démence était une impuissance de l'esprit, le tableau psychologique de cette altération doit beaucoup ressembler à celui que nous avons tracé de l'idiotisme ; mais, de même que nous avons reconnu différens degrés dans l'idiotisme, nous trouverons aussi plusieurs degrés dans la démence ; d'abord, la démence peut être générale ou partielle ; mais, cette dernière est peu commune ; presque toujours elle porte sur presque toutes les facultés intellectuelles ; on peut encore l'appeler complète ou incomplète ; dans la démence complète, il y a nullité intellectuelle absolue ; dans la démence incomplète, au contraire il y a encore quelques actes de l'intelligence qui peuvent être accomplis.

La démence peut être aussi aiguë ou chronique, simple ou compliquée.

Selon le type qu'elle présente, la démence peut être continue, intermittente, rémittente et sénile ; cette dernière est le résultat de l'épuisement des facultés intellectuelles par suite des progrès de l'âge.

Je le répète ici, le tableau psychologique de cette altération est le même que celui de l'idiotisme.

En général, chez le dément, chez celui dans lequel on observe la démence complète, celle qui affecte à la fois toutes les facultés de l'intellect, chez le dément, disons-nous, les appareils des sens extérieurs ne sont point dérangés, les malades voient, sentent, entendent ; mais dans toutes ces sensations, l'action percevante du cerveau ne se fait plus ; jusques là la sensation est complète ; ainsi, chez le dément, les deux premières actions sont intactes, mais l'action du cerveau ne s'accomplit plus ; ainsi les démens prêtent l'oreille aux discours qu'on leur adresse, mais ils ne répondent pas ; ils se méprennent sur la nature et l'origine du bruit, des sons qui les affectent, bien qu'ils entendent ; ils jugent mal des distances, des dimensions et des qualités des corps, ils se montrent peu sensibles aux impressions du chaud et du froid.

Je ne nie pas que l'impression soit reçue, mais le cerveau n'achève pas la sensation : les démens sont peu susceptibles ; ils se rappellent quelquefois les choses éloignées et oublient les choses présentes. Il y a défaut de liaison dans leurs idées, point de spontanéité dans la pensée ; leurs facultés affectives sont nulles ; ils oublient leurs proches, leurs amis, ne sont touchés ni de leur joie ni de leur peine ; leur volonté est sans vigueur, sans énergie ; toutefois, il y en a qui sont accessibles à la colère : ou il y a taciturnité, ou bien le langage est incohérent ; leur physionomie est sans expression.

Vous sentez que je pourrais beaucoup agrandir ce tableau ; ainsi ils sont en général malpropres, s'écorchent les doigts, le visage ; ils sont insensibles; ils mangent avidement; l'obtusion s'étend jusqu'au goût, ils oublient leur nom; hommes ou femmes, ils s'adonnent à la masturbation, ils ne paraissent pas apprécier la différence des sexes; ils oublient leur art , leur langue, les chiffres; ils se servent de lettres qui n'appartiennent à aucun alphabet. Leur obtusion est arrivée à ce point qu'ils se perdent dans leur dortoir; ils sont timides , irrésolus , sans prévoyance ; parlent seuls , sans suite ; dans la vieillesse , ils finissent par être réduits à une existence machinale , ils conservent quelquefois le souvenir des choses anciennes, comme je l'ai déjà dit ; ainsi quelques-uns jouent aux échecs; peu à peu les observations de l'intelligence deviennent lentes, ils finissent par être incapables d'aucune action, ils doivent être séquestrés. C'est surtout dans l'écriture qu'on peut les juger; leurs phrases sont incohérentes ; ils mêlent tout.

En un mot, l'individu s'est démoli pièce à pièce ; en général, ils sont dormeurs, il faut peu de veilles pour les fatiguer , et cela se conçoit facilement, en raison de la faiblesse de leur cerveau ; ils ont presque tous un tic particulier, il serait trop long d'en tracer le tableau.

Quand la démence est complète, la vie est machinale ; le dément est une plante qui digère au lieu de se nourrir par l'absorption.

A un degré moins avancé, il prononce des mots sans suite , rit et pleure sans motif : à un degré encore moins avancé , il a un peu d'intelligence; les individus, qui présentent ce degré, sont de grands enfans ; leur physionomie révèle leur faiblesse intellectuelle ; ils ont ce que M. Georget a désigné sous le nom de démence raisonnante.

Quelquefois il est possible de trouver la cause qui a commencé la démence ; ainsi la folie se termine fréquemment par la démence ; d'autres fois, comme je l'ai dit, elle est le résultat des progrès de l'âge, c'est celle que l'on désigne sous le nom de démence sénile. Dans la démence, les fonctions organiques conservent toute leur intégrité ; l'être vivant l'emporte sur l'être sentant : tel est à peu près le tableau psychologique de la démence. J'ai dit en commençant que c'était une impuissance de l'esprit acquise, c'est-à-dire survenue pendant le cours de la vie ; non seulement nous avons à constater si telle maladie existe, il nous faut aussi savoir si les causes ordinaires de cette maladie ont existé, et si elles ont pu agir sur l'individu soumis à l'expertise : nous devons donc alors connaître quelles sont les causes les plus ordinaires de la démence ; elles sont très nombreuses.

Elle succède, en général, aux affections cérébrales, aiguës, non guéries dans leur période d'acuité ; elle suit fréquemment les vésanies ; elle est souvent la terminaison de la manie ou de la monomanie ; un ébranlement profond des facultés peut en être la cause, l'épilepsie : cette affection, en effet, quand les attaques sont souvent réitérées, finit par affaiblir l'encéphale, et nous le savons, la démence est le résultat de l'affaiblissement du cerveau.

Le temps me manque pour finir le tableau de la démence, nous la continuerons à la séance prochaine, et nous ferons l'histoire d'une autre altération de l'encéphale : je veux parler du délire.

DOUZIÈME LEÇON.

30 avril 1836.

Nous avons commencé, dans la dernière leçon, l'histoire de la troisième espèce d'affection mentale, la démence, qui est une impuissance de l'esprit ; nous avons vu que le tableau psychologique du dément était le même que celui de l'idiot ; et nous avons vu que la démence était une imbécillité acquise ; enfin, nous avons vu que jamais un dément ne ressemble tout-à-fait à un autre ; nous en étions resté à l'indication des différentes causes de la démence, et nous avons dit : que la connaissance de ces causes importait beaucoup au médecin légiste ; ces causes nous ont été bien présentées par MM. Esquirol et Calmeil. L'ivrognerie en est la cause la plus fréquente ; l'ivresse, en effet, est une sorte de narcotique, qui finit par épuiser, par affaiblir le cerveau. Des excès de conduite, la masturbation, l'épilepsie, les chagrins, les blessures de tête, les contrariétés, la perte de fortune, la menstruation, la frayeur, la syphilis et l'abus des mercuriaux, la suppression d'hémorroïdes et l'âge peuvent aussi produire la démence.

M. Broussais dit, dans son ouvrage sur la folie,

que la démence succède aux douleurs de tête rebelles , aux travaux de l'esprit , aux congestions sanguines cérébrales , aux paralysies , à la folie , à la vieillesse. La démence sénile s'observe chez les vieillards dont le cerveau n'est pas robuste. Celle-ci se montre en ce que l'individu qui en est atteint montre une grande loquacité , la perte de la mémoire , l'incohérence dans le langage ; celle qui fait suite à la manie , s'annonce par la taciturnité et une physionomie stupide. D'après M. Broussais, la démence qui fait suite à la folie est une irritation chronique de l'encéphale. Très souvent plusieurs des causes dont nous avons parlé, comme produisant séparément la démence, peuvent se trouver réunies.

M. Scipion Pinel a remarqué que l'abus des antiphlogistiques dans le traitement de la folie , produit souvent la démence ; et il cite des exemples de démence produite par cette cause , guérie par l'emploi des toniques. D'après M. Calmeil, la folie des prêtres est celle qui se termine le plus souvent par la démence.

M. Esquirol , ayant égard aux causes et aux symptômes de la démence, en a distingué quatre espèces, qui sont : la démence aiguë, la démence chronique , la démence sénile, et la démence intermittente,

M. Calmeil reconnaît, pour cause de la démence aiguë, la saignée trop souvent répétée, il en cite des exemples guéris par l'alimentation. La démence aiguë est fort rare : on l'appelle aussi *stupeur aiguë* ; elle est facilement guérissable ;

après la guérison le malade raconte qu'il était réduit à une existence végétative ; il suffit que la
cause cesse, pour que les fonctions intellectuelles
et morales reprennent leur ordre ; on en a une
preuve très frappante par la guérison des démens
chez qui l'altération des fonctions intellectuelles
était due à des attaques d'épilepsie très fréquemment répétées ; il faudra bien distinguer la démence aiguë du délire extatique et du délire cataleptique, que nous étudierons plus tard ; il faut
aussi la distinguer de l'état maladif que l'on désigne sous le nom de *stupidité*, et qui est produit
par un œdème du cerveau, par une infiltration de
sérosité que l'on rencontre dans le tissu même
du cerveau, sans qu'il y ait d'épanchement, ni
dans les ventricules, ni entre les membranes.

La démence chronique s'établit lentement ; elle
est aussi très longue à guérir ; rarement même
elle est curable.

La démence sénile, est encore moins curable
que toutes les autres; dans ce cas, en effet, tous les
ressorts sont détendus ; elle se fait surtout remarquer par une lésion constante des sens.

Enfin l'intermittente dont les accès reviennent
au printemps et à l'automne.

Il est deux affections qui compliquent fréquemment la démence ; ce sont 1° la paralysie, 2° le
scorbut. La paralysie est très fréquente, plus de
la moitié des démens en sont atteints : elle débute ordinairement par les muscles de la parole,
puis ensuite ceux du mouvement, et enfin elle se
porte sur les organes chargés des déjections : dans

ces cas les démens sont incurables, il est même rare qu'ils puissent vivre longtemps dans cet état.

Le scorbut est, comme vous le savez, une maladie endémique dans les maisons d'aliénés ; cette affection frappe surtout les démens. Il semblerait que quand le cerveau est malade il ne doit y avoir que les fonctions intellectuelles de lésées, mais il n'en est pas ainsi, les fonctions nutritives elles-mêmes peuvent être altérées, et cela dépend de la communication qui existe entre le système nerveux ganglionaire et le reste du système nerveux.

En général les démens meurent moins que les maniaques et les monomaniaques ; un autre fait qui mérite encore d'être remarqué c'est qu'ils meurent moins pas des maladies inflammatoires.

M. Esquirol a encore cherché quelles pouvaient être les lésions du cerveau et des méninges chez les démens.

Le crâne a souvent présenté des dimensions irrégulières ; tantôt il était applati vers le front, d'autres fois une des fosses pariétales manquait, mais les variétés dans la conformation du crâne n'étaient constantes : il croit qu'on doit les attribuer à la dure-mère, je ne partage pas son avis, je pense qu'elles dépendent plutôt de la conformation du cerveau.

La dure-mère était fréquemment adhérente, injectée, épaissie, présentant des couches membraniformes ; on a trouvé aussi des épanchemens dans l'arachnoïde, tantôt ces épanchemens étaient formés par de la sérosité, d'autres fois par un liquide albumineux. On a trouvé des kystes, la glande

pinéale ossifiée; voici le tableau des lésions patho
logiques qu'en donne M. Esquirol sur deux cent
quatre-vingt huit démens : cinquante quatre fois
la membrane ventriculaire, surtout vers la corne
d'Ammon , adhère aux parois des grands ventricules;dix neuf fois la substance blanche est injectée;la
substance grise quinze fois colorée, cinq fois abondante ; vingt-neuf fois la consistance de la masse
encéphalique est diminuée ; quinze fois elle est
augmentée ; douze fois la pulpe du cervelet est
dense ; dix sept fois elle semble trop molle ; ossi-
fication des artères basilaires cinq fois ; injection
des méninges dix neuf fois;onze fois épaississement
de ces membranes; irrégularités du crâne vingt-
neuf fois ; crânes diploïques minces , éburnés ou
injectés quinze fois ; diploïques épais , également
éburnés ou injectés cinquante et une fois : on a
rarement rencontré de foyers apoplectiques
chez les démens, il faut toutefois en excepter les
personnes atteintes de démence sénile , car on
sait que les vieillards succombent fréquemment
aux hémorragies cérébrales. Il faut tenir compte,
comme le fait M. Esquirol, de toutes ces lésions,
mais il n'en faut pas conclure qu'elles appartiennent à la démence , car ces lésions peuvent
se trouver sur des individus non atteints de démence ; il nous est donc impossible de connaître
la lésion anatomique de la démence.

Tels sont les détails que j'avais à vous donner sur
la question médicale de la démence et qui peuvent vous servir dans les cas d'enquêtes médico-
légales , qui peuvent vous être soumises, je termi-

nerai par quelques mots sur la stipudité attribuée à l'œdème du cerveau, et dont je vous ai déjà parlé un peu plus haut.

M. Étoc de Mazy, ouvrant des aliénés, en 1833, a reconnu cette altération. Il avait remarqué que quelques aliénés tombaient, après des accès de fureur, dans un état de stupeur, d'immobilité cataleptique, il en donna quatre exemples. M. Scipion Pinel a enrichi la science de cinq observations de la même lésion : les malades présentent à la suite de l'excitation qui accompagne la folie, une stupeur telle qu'on les croit insensibles et immobiles, ils restent sans parler, et semblent être dans une immobilité cataleptique ; à l'ouverture, on a remarqué que le cerveau faisait hernie à travers les membranes, aussitôt qu'on les avait incisées ; si l'on pratique des incisions sur la substance cérébrale, il s'en écoule une abondante sérosité, et cependant on n'en rencontre ni dans les ventricules, ni dans l'arachnoïde ; c'est en un mot un œdème. M. Belhome en cite aussi un exemple ; c'est un maniaque furieux qui avait été guéri par l'emploi des révulsifs extérieurs ; on supprima un séton qu'il portait, la stupidité dont nous venons de nous occuper, se montra chez ce malade, et elle disparut par l'emploi des moyens qui l'avaient guéri une première fois de sa folie.

Nous arrivons maintenant à nous occuper des applications médico-légales relatives à la démence ; elles sont tout-à-fait les mêmes que celles que je vous ai indiquées à l'occasion de l'idiotie et de l'imbécillité; il y a cependant deux questions qu'on peut y ajouter : 1º il y a-t-il démence? Pour résoudre cette question, on devra se comporter comme pour s'assurer s'il y a idiotie ou imbécillité; il faudra examiner le malade, l'interroger, juger de la portée de son intelligence, mais il faudra aussi s'assurer s'il y a démence , et si l'individu soumis à l'expertise a été sous l'influence des causes qui produisent ordinairement cette altération des fonctions de l'intellect ; on devra s'assurer de ce qu'était le malade avant d'être atteint de démence ; il y a quelques cas où la manie et surtout la monomanie simulent la démence ; ce sont ceux où le malade est concentré en lui-même, et par conséquent peu attentif à tout ce qui se passe autour de lui ; car, en effet, chez le maniaque, et même chez l'homme sain d'esprit, toute concentration de l'esprit sur un seul objet a pour effet de détruire l'attention : et n'en avons-nous pas une preuve dans la mort d'Archimède tué pendant qu'il était occupé à résoudre son problème.

2° Quel est le degré de la démence? Il est inutile, je pense, que j'entre dans de grands détails pour vous faire comprendre combien il est important de connaître le degré de démence, afin de pouvoir résoudre les huit questions judiciaires pour lesquelles on invoque l'expertise ; car c'est en raison de ce degré de la démence que devra être appliquée la loi.

Je termine donc ici ce que j'ai à vous dire sur

la démence, et j'aborde un quatrième ordre d'altération de l'esprit, le délire.

QUATRIÈME ORDRE.

Du Délire.

Jusqu'ici les états anormaux du cerveau que nous avons examinés consistaient en des impuissances de l'esprit, soit congénitales, idiotie et imbécillité, soit acquises, démence; maintenant nous allons étudier des états qui sont constitués par des désordres, par des perversions de l'esprit; ce sont le délire et la folie : parmi ces états, un des principaux, c'est le délire aigu, symptôme de beaucoup de maladies; le mot délire signifie niaiserie, et vient alors de *liræ*; suivant d'autres auteurs, il vient de *lira sillon*, d'où l'on a fait *delirare*, être hors du sillon, déraisonner : c'est une erreur que de croire que le délire est exclusif à l'homme, les animaux peuvent le présenter, mais avec des symptômes différens. Est-il vrai, en effet, que les animaux exécutent des actes intellectuels et affectifs? Oui ; est-il vrai que ces actes dépendent du cerveau? Oui. Les animaux peuvent donc présenter le délire, car le cerveau peut être perverti dans son action, chez les animaux comme chez l'homme; mais, il faut bien en convenir, le délire doit être moins fréquent chez les animaux que chez l'homme, puisqu'ils ont moins d'affections intellectuelles. Il est donc faux de dire que le délire est exclusif à l'homme : chez les animaux, il se présente sous la forme de l'abattement, ou bien par des mouvemens désordonnés. On a dit aussi que les enfants n'avaient pas le délire : ici il y a une distinction à établir ; les enfants qui n'ont pas encore atteint l'âge où se développent les affections n'ont pas le délire ; mais quand les facultés affectives et intellectuelles se montrent, les enfants peuvent avoir du délire : donc, dans la première enfance, les enfants n'ont pas de délire, mais plus tard, ils peuvent délirer. On n'a pas seulement donné le nom de délire au délire aigu dont nous venons de parler, on a aussi donné ce nom à une perversion mentale qui constitue la folie ; le premier, avons-nous dit, s'appelle délire aigu ou fébrile, c'est le symptôme des maladies aiguës ; le second ou délire chronique, ou sans fièvre, est le délire qui forme le caractère essentiel et distinctif de la folie ou des aliénations mentales. Dans le premier, il y a perversion complète et générale : il n'y a plus de volonté, plus de raisonnement ; dans le second, ces caractères ne se rencontrent plus, ainsi les fous veulent et raisonnent.

Comme j'ai encore quelques caractères différentiels à vous indiquer, je vous en entretiendrai dans la prochaine leçon ; j'acheverai le délire aigu, et je commencerai l'étude de la folie.

TREIZIÈME LEÇON.

3 mai 1836.

Messieurs.

Dans la leçon dernière nous avons commencé l'histoire du délire, et nous avons dit que c'était une perversion de l'esprit, symptôme d'une maladie aiguë existant dans le cerveau ou dans les méninges, ou tout autre organe important; nous vous avons dit que quelques auteurs ont avancé que le délire était exclusif à l'homme; mais, nous avons combattu cette opinion, et nous vous avons dit qu'il n'y avait pas de motif qui put justifier cette opinion; car les animaux, comme l'homme, mais à un moindre degré que lui, sont doués de facultés intellectuelles et affectives, que par quelque motif le centre d'où partent les actes, qui révèlent ces facultés, pouvait être lésé et par suite ces actes pervertis; mais nous vous avons dit que les facultés affectives et intellectuelles étant en moins grand nombre chez les animaux le délire y était moins fréquent; nous vous avons dit aussi que le délire pouvait s'observer chez l'enfant, mais lorsque déjà ces mêmes facultés affectives sont développées. J'ai ajouté qu'on avait aussi ap-

pelé délire la perversion mentale dite folie; d'où
l'on avait distingué, le délire aigu qui est le délire
symptôme des maladies, du délire chronique ou
folie. Le premier a été appelé délire aigu, parce
qu'il est de courte durée, qu'il ne dure qu'autant
que la maladie; délire chronique, parce que la
folie dure longtemps. En général, dans le délire
aigu, la perversion est plus grande que dans la
folie; le malade n'a plus le souvenir du moi, il a
tout oublié, les sensations sont abolies; il n'en
est pas de même dans la folie : vous verrez, en
effet, que les fous ont encore des facultés intellectuelles et morales qui s'exercent normalement,
et dans beaucoup de circonstances, vous les verrez raisonner avec beaucoup de logique et avoir
une volonté; et en acceptant leur idée délirante,
vous verrez que les déductions que l'on peut tirer,
et de leurs discours, et de leurs actions, se portent
toutes vers un même but, vers le but de leur délire. Dans le délire aigu, le malade a perdu tout
souvenir, il n'a plus la conscience du moi, il n'en
est pas ainsi dans le délire chronique; le fou,
en effet, conserve le souvenir de son existence,
de son moi; les mouvements sont désordonnés
chez l'homme qui délire par suite d'une maladie
grave; ils sont, au contraire, motivés chez le
fou; on peut dire que dans ce dernier cas, il n'y
a pas d'autre maladie que celle de l'esprit, tandis
qu'il n'en est pas de même dans le délire aigu, il
y aura toujours une maladie corporelle; il est
donc facile de distinguer ces deux sortes de délire.

Voyons maintenant quelles sont les causes, le degré et le tableau psychologique du délire. Les causes en sont très nombreuses : ainsi les différentes phlegmasies du cerveau ou de ses membranes, les maladies des autres organes qui ont des connexions avec le cerveau ; ainsi les inflammations des organes de la digestion, des poumons, la phthisie pulmonaire, toutes les maladies aiguës et graves ; il est aussi une espèce de délire que l'on a observé chez les individus affaiblis par les antiphlogistiques ; de même qu'on a observé un délire par suite de trop grandes pertes de sang. M. Dupuytren a mentionné et a désigné sous le nom de délire nerveux, celui que l'on observe chez les personnes qui ont fait une trop grande dépense de fluide nerveux : c'est le délire nerveux qu'on observe chez ceux qui ont été saisis d'une vive frayeur, chez ceux qui ont montré trop de courage pendant une opération, chez ceux qui viennent de commettre un crime ; je le répète, selon ce célèbre chirurgien, ce délire est dû à un épuisement de l'influx nerveux. Enfin aucune des maladies graves qui entraînent la mort ne se termine, à ce fatal moment, sans déterminer ou un coma profond, ou une excitation délirante.

Le délire s'annonce par des phénomènes locaux qui se rapportent au cerveau. Le malade a des vertiges, de la pesanteur vers la tête, des tintements d'oreille, altération dans la voix, la physionomie présente celle d'un homme dont le sang se porte vers le cerveau ; les yeux sont rouges, saillants, brillants, les joues sont fortement co-

lorées ; en un mot , la circulation cérébrale est
accélérée.

Vous avez vu que toutes les lésions de l'intelligence étaient susceptibles de nombreux degrés ;
eh bien, celle qui nous occupe maintenant est
aussi dans le même cas : ainsi il y a beaucoup de
degrés entre le délire d'un homme qui est plongé
dans une espèce de rêvasserie, et celui d'un
homme qui devient furieux : dans le premier
cas, le malade est comme absorbé, cependant
il parle, il murmure quelques paroles sans suite ;
d'autres fois, il y a incohérence dans les idées et
dans les discours ; enfin dans certains cas , le malade pousse des cris, se livre à des mouvements
désordonnés ; quelquefois le malade a des hallucinations ; ce n'est pas encore le moment de vous
parler de ces phénomènes ; dans le premier degré
du délire, on peut rappeler le malade à lui, en
l'occupant, en lui adressant des questions ; dans
le dernier, au contraire , il a perdu tout souvenir,
il est insensible à tout.

Il n'est pas rare de voir les délirants développer du génie ; ainsi les uns font des compositions
musicales, d'autres de la poésie : la face , je l'ai
dit , est injectée, la voix sonore ; il n'est pas rare
non plus de les voir développer beaucoup de force
musculaire, mais ensuite ils tombent dans un
collapsus très profond.

Tantôt le délire est continu, d'autres fois il
est intermittent ; il suit d'ordinaire la marche
des maladies qui lui ont donné lieu ; dans les
intervalles de délire, le malade est affaissé, abattu.

On distingue, en général, trois espèces de délire aigu : le délire doux, que l'on a appelé *sub-
delirium*, le délire furieux et le délire comateux :
le dernier de ces délires est celui qui s'observe le
plus souvent aux approches de la mort.

Quelles sont les lésions anatomiques que présentent les individus qui ont présenté du délire
pendant leur vie ? Elles sont très difficiles à déterminer, et probablement peu profondes et assez
légères, et ne constituent pas une altération du
cerveau : car aussitôt que le délire a cessé, on ne
trouve rien dans le cerveau qui puisse constituer
une lésion pathologique ; il n'y a pas désorganisation ; on ne sait pas quel état présente le cerveau d'un délirant ; un peu de coloration, de
l'injection, une augmentation dans sa densité ;
mais ces phénomènes sont plutôt préjugés qu'observés. Quelques auteurs ont cru qu'il y avait
toujours inflammation de l'arachnoïde, mais
les autopsies faites sur des aliénés et des épileptiques ont prouvé la fausseté de cette assertion.

Telles sont les considérations que j'ai cru nécessaire de vous donner sur le délire, afin que
vous puissiez résoudre les questions médico-
légales relatives à un sujet en délire. La première
question que l'on puisse adresser est celle-ci, il
y a-t-il délire ? Cette question le plus ordinairement n'est pas difficile à résoudre si le médecin
est appelé pendant que le malade présente le délire ; tout le monde, même les personnes les
plus étrangères à la médecine, reconnaissent le
délire ; mais, il n'en sera pas toujours ainsi quand

le médecin sera appelé quand le malade aura
cessé de délirer; ce sera donc par une enquête
qu'il faudra s'assurer s'il y a eu délire; dans ce
cas encore les personnes qui entourent habituelle-
ment le malade pourront facilement résoudre la
question ; mais, il y a des cas où on éprouve plus
de difficulté ; ces cas sont ceux dans lesquels il
n'y a que de la rêvasserie , ou bien encore quand
le délire est intermittent ; il peut y avoir aussi
dans la première expression d'une manie aiguë
beaucoup de rapprochements avec le délire ; dans
ces cas, c'est au moyen de la maladie concomit-
tante qu'on pourra résoudre la question : d'ailleurs, si dans un cas semblable on ne pouvait
laisser au temps la solution de la question, il
vaudrait mieux déclarer qu'il y a délire que de
déclarer qu'il y a manie ; car, le délire n'entraîne pas la séquestration d'un individu , et la
manie au contraire exige de grandes précautions
pour le mettre dans l'impossibilité de nuire aux
autres et à lui-même : et la séquestration pourrait avoir de graves inconvénients sur l'esprit
d'un homme qui plus tard saurait quelles mesures
on a été forcé de prendre contre lui.

Du reste, Messieurs, il y a beaucoup moins de
cas pour lesquels l'autorité intervient au sujet
d'un délirant que lorsqu'il s'agit d'un idiot, d'un
imbécile, ou d'un dément : ainsi, on ne soumet
pas la question de savoir si un délirant doit-être
interdit, séquestré, ou si on doit l'affranchir de
ses charges sociales ; l'autorité n'intervient qu
dans deux circonstances pour apprécier l'état

mental d'un délirant : 1° quand il s'agit de prononcer de la validité d'une donation ou d'un testament ; car, il faut que le testateur, qui a substitué sa volonté à la loi, ait joui de toute l'intégrité de ses fonctions intellectuelles ; il faut qu'il ait compris ce qu'il a fait et qu'il l'ait bien voulu ; on conçoit que la question serait difficile à résoudre s'il s'agissait d'un délire intermittent, là on aurait à apprécier jusqu'à quel point le délirant se trouve sain d'esprit pendant l'intermittence.

2° La deuxième question est celle de savoir jusqu'à quel point un délirant est responsable des actions qu'il commet : par exemple un malade blesse une des personnes qui l'assistent ou commet un homicide, est-il responsable ? il y a des cas où les hommes sentent bien la moralité des actes qu'ils commettent, et que cependant ils ne peuvent s'empêcher de commettre ; mais ici, le malade ne comprend pas l'action qu'il commet, il n'en est donc pas responsable.

Je termine ici ce que j'ai à vous dire du délire, et je vais commencer un cinquième objet, l'étude de la folie.

CINQUIÈME ORDRE.

De la Folie.

Nous avons vu que des altérations mentales les trois premières étaient des impuissances de l'esprit, et que les cinq derni res étaient au contraire des perversions ; nous avons étudié une de ces perversions, le délire, occupons nous maintenant de la seconde que l'on désigne sous le nom de délire chronique ou de *folie*. La folie est un des points les plus litigieux que nous ayons à examiner : c'est une maladie qui est certainement plus connue de chacun de vous qu'il m'est possible de vous la décrire.

Ici, Messieurs, nous n'avons pas à faire seulement de la médecine ; mais nous sommes appelés à éclairer le magistrat ; il nous faut donc dans la médecine légale chercher les définitions dans la loi et non dans notre science.

Pour bien définir la folie, les législateurs ont mis en parallèle le sage et le fou, et ils ont dit. « Le sage est celui qui mène le mieux une vie commune et raisonnable ; le fou est celui qui ne peut pas mener le mode le plus vulgaire, le plus usité de la vie. »

Merlin a dit : « La raison est la connaissance de ce vrai, qui est à la portée de tous les hommes, et qui leur est utile pour leur conservation, leur bonheur, et le bien-être général de la société. Le fou est celui qui n'a pas assez de raison pour remplir la destinée humaine, et qui ne sait suivre ni les instincts de la nature, ni les lois de la société et de la morale. »

Passons maintenant aux définitions données par les médecins :

M. Fodéré a dit : « Le sage est celui qui d'après sa condition et sa profession se conduit comme les autres hommes : le fou de la loi est celui qui, quelle que soit sa condition et sa profession se conduit tout différemment des autres hommes. »

Ailleurs il dit : « La raison est l'aptitude à juger les choses comme le commun des hommes. »

« La folie, dit M. Esquirol, est une affection chronique cérébrale entraînant la perturbation de la sensibilité, de l'entendement et de la raison. » Certes, cette définition je ne prétends pas la contester, mais elle ne nous apprend rien.

M. Foville, médecin de la maison des aliénés à Rouen, définit la folie : « Un trouble de l'intellect et du moral, sans altération profonde et durable des fonctions organiques. »

M. Georget dit : « Une maladie apyrétique du cerveau, généralement longue, altérant incomplètement les facultés intellectuelles et affectives, quelquefois même, les sensations et les mouvements, mais laissant intactes les fonctions organiques, telle que l'individu a des idées, des passions insolites, tout en conservant le souvenir de son existence, des rapports extérieurs, et surtout ignorant son mal, et se croyant raisonnable. »

M. Broussais la définit : « Une cessation prolongée du mode normal de l'action du cerveau, permettant cependant l'intégrité des fonctions des autres organes. »

M. Belhome définit la folie : « L'état d'un individu dont les paroles et les actions perverties s'éloignent des conditions et habitudes ordinaires et voulues.

Ici la définition se rapproche de celles qui ont été données par les jurisconsultes.

Mais, Messieurs, il ne faut pas confondre

l'homme déraisonnable avec le fou ; car, le pre-mier a le sentiment de la moralité, mais il agit parce qu'il est entraîné par ses penchants.

Toutes les définitions que je viens de vous définer sont insuffisantes : car, 1° dans l'état normal, l'homme n'est pas toujours maître de réprimer les passions de son cœur, et en se-cond lieu elles ne renferment pas toutes les fo-lies ; car, il n'y a pas toujours perversion com-plète de l'intelligence ; je crois donc qu'il serait plus facile de la distinguer par voie d'exclusion, car ce n'est pas l'idiotie, ce n'est pas l'imbécillité, ni la démence, qui sont, elles, des impuissances de l'esprit et non des perversions, ce n'est pas le délire aigu des maladies, puisque le plus sou-vent elle existe avec la santé.

Je crois devoir vous donner ma définition, non que je la croye exempte de blâme :

« La folie, selon moi, est une perversion mentale, générale ou partielle, généralement longue, compatible, au moins pour longtemps, avec la santé du corps, méconnue par le malade, altérant totalement ou en partie soit l'intelli-gence, soit la raison, soit la liberté, et par suite inspirant des actes désordonnés et insensés. »

Je m'arrête aujourd'hui à cette définition ; je continuerai ce sujet important dans la prochaine leçon.

QUATORZIÈME LEÇON.

MESSIEURS,

Je vous ai dit, dans la dernière leçon, que la folie était plus connue que facile à définir ; je vous ai cité quelques-unes des définitions données par les jurisconsultes et les médecins ; nous avons ensuite expliqué l'impossibilité de la définir, 1° parce qu'il n'y a pas toute justesse dans l'esprit, toute sagesse, toute tempérance dans les mouvements du cœur ; 2° parce que la folie n'est pas générale, et que quelquefois elle est restreinte à une seule faculté, d'autres fois, au contraire, le désordre mental se rencontre dans presque toutes les actions ; mais que cependant il existe toujours quelque faculté intacte ; 3° enfin c'est parce qu'on a voulu embrasser tous les cas qu'il a été impossible d'arriver à une définition exacte.

M. Pariset a dit que « c'était une déception générale par laquelle on présentait les idées de son esprit autrement que dans l'état de raison. » Mais alors il nous faut définir la raison ; or ce mot vient de *ratio*, qui lui-même vient de *reo*, au supin *ratum*, lequel verbe vient de *res*, qui veut dire *la chose*, et dont on a fait *réalité* ; ainsi donc la raison est ce qui est vrai. Sans nous arrêter plus longtemps à toutes ces définitions, continuons l'étude de notre sujet.

Quand j'ai dit dans la définition que je vous ai donnée de la folie, que c'était une perversion mentale, j'exprime que c'est une maladie du cerveau, une lésion de l'intelligence ; car bien entendu, ce n'est pas seulement la substance cérébrale qui est malade, mais bien le centre pensant. J'ai dit qu'elle est compatible avec la santé du corps ; mais, Messieurs, cette proposition n'est pas absolue, car quelquefois la folie peut exister avec une maladie qui la complique ; elle peut même déterminer des maladies.

Du reste, tous les doutes, toutes les incertitudes vont disparaître par la présentation du tableau psychologique de la folie. Quelques médecins, vous ai-je dit en vous parlant du délire, ont avancé l'opinion que le délire était exclusif à l'homme, que les animaux ne le présentaient pas ; j'ai combattu cette opinion en vous disant que puisque les animaux avaient, comme l'homme, des facultés affectives et des facultés intellectuelles qui présidaient aux différents actes de ces animaux ; que ces actes étaient ordonnés par le cerveau, que ce cerveau pouvait être lésé, et que la lésion pouvait réagir sur les affections, il fallait bien admettre qu'il en pouvait résulter du délire ; mais j'ai dit aussi qu'en raison des facultés intellectuelles et affectives, moins brillantes et moins nombreuses chez les animaux, le délire était moins fréquent ; enfin je vous ai dit que les animaux étant dépourvus de langage, ou au moins d'un langage que nous puissions comprendre, ce moyen de juger leurs actes nous était enlevé. On a dit la même chose à l'occasion de la folie, et M. Fodéré partage cette opinion, et en a tiré la preuve de la double nature de l'homme : je ne puis être de son avis, et je combattrai cette opinion à l'égard de la folie, comme je l'ai combattue pour le délire.

Nous avons vu en nous occupant des diverses altérations de l'intelligence, qu'il y avait beaucoup de degrés à considérer dans chacune d'elles; qu'ainsi, entre l'idiot le plus idiot, et l'idiot le moins idiot, il y avait beaucoup de degrés intermédiaires ; de même pour la folie ; ainsi entre la folie la plus grande, celle qui fait commettre les actes les plus déraisonnables, et celle qui est très bornée, il y a un grand nombre de degrés.

On reconnaît d'abord une folie générale ; c'est celle qui fait commettre les actes les plus déraisonnables ; dans cette folie, toutes les idées, tous les sentiments sont altérés ; le fou ne juge sur aucun point comme les autres hommes ; c'est cette sorte de folie que l'on désigne sous le nom de *manie*, elle est quelquefois accompagnée de fureur.

Quand on interroge la nature morale de l'homme, il faut voir en lui des puissances qui s'exercent sur les idées, d'autres sur les facultés affectives ; la folie générale porte sur ces deux ordres de puissances, sur toutes ces facultés. La folie partielle, au contraire, est celle qui ne porte pas sur toutes ces facultés ; en examinant toutes les facultés qui sont dévolues à l'espèce humaine, on voit combien peuvent être nombreuses les folies partielles. La manie porte sur toutes les facultés, et la monomanie sur une seule faculté ; mais, dans ce cas, l'expression est quelquefois impropre, car il arrive quelquefois qu'on rencontre des fous qui ont une folie générale, et chez lesquels une faculté surtout se trouve plus fortement atteinte ; eh bien, dans ce cas, il y a monomanie.

Il y a beaucoup d'espèces de folies générales, comme il y en a beaucoup de partielles ; ainsi, certains fous sont tranquilles, doux, d'autres au contraire sont furieux.

J'ai dit qu'il y avait beaucoup de folies partielles : en effet, il n'y a pas une seule des facultés dont l'homme est doué qui ne puisse devenir le texte d'une monomanie.

J'ai dit aussi que la nature morale de l'homme se révélait par deux puissances, celle par laquelle nous éprouvons des idées et celle par laquelle nous éprouvons des affections : chacune de ces deux puissances peut être le texte de la folie. Ainsi, on a remarqué que certaines folies ne portaient que sur l'intelligence, M. Esquirol nomme ces folies, lésions de l'intelligence ; les jugements ne sont pas conformes aux impressions reçues ; il est rare que ce genre de folie se rencontre seul ; le plus ordinairement, en effet, les affections sont atteintes, car ce sont les facultés affectives qui sont les plus fragiles ; et, il existe le plus ordinairement, en même temps, qu'une lésion de l'intelligence, une lésion des affections.

D'autres fois, au contraire, les facultés affectives seules sont altérées; et les facultés intellectuelles sont respectées; ainsi, il est de la nature de l'homme de veiller à sa conservation, il est aussi de sa nature d'être bon envers ses semblables; eh bien! quelquefois la folie le porte au suicide, à l'homicide; dans ces cas les facultés affectives sont lésées; le plus ordinairement, je le répète, les facultés affectives, et les facultés intellectuelles sont lésées, concomittament; mais quand un seul ordre de facultés est lésé, il est plus fréquent de rencontrer les facultés affectives lésées que les facultées intellectuelles : toutefois, M. Esquirol a fait le premier cette distinction. Il y a toujours idée délirante dans les lésions des facultés intellectuelles; mais quand il n'y a que lésion des facultés affectives, il n'y a pas délire; il y a alors folie sans délire. Les jurisconsultes n'admettent pas cette folie; ils pensent qu'il y a là contradiction; les fous dans ces cas connaissent leur folie, ils jugent de la moralité de l'action qu'ils commettent; mais le sentiment qui les pousse est irrésistible, ils y succombent, après avoir vainement combattu. Pour en donner une description complète, il faudrait en embrasser toutes les formes, toutes les variétés. Comment oser dépeindre toutes ces folies; pensez au nombre infini des facultés affectives; il n'est aucun goût, aucun penchant, aucune idée qui ne puisse être le fait d'une folie;

ainsi les uns sont fous par avarice , par amour physique , etc.

Ce, sur quoi, je crois devoir appeler surtout votre attention, c'est sur ce fait que la folie n'est jamais constante; ainsi dans l'aliéné le plus aliéné, il y a de la logique, des volontés réfléchies, des actes motivés; il y a donc mélange de raison et de folie.

Nous arrivons maintenant au tableau psychologique de la folie; il sera bien difficile de le tracer, cependant, il nous faut le faire ; voyons d'abord quels sont les offices du cerveau :

1° Conscience du moi ; il y a-t-il des fous qui n'ont plus la conscience du moi? Oui , on en rencontre quelques-uns qui ont oubliés qu'ils existent , qui ont oublié leurs noms ;

2° Notion des corps extérieurs ; il y a-t-il des fous chez lesquels il n'y a plus de notion des corps extérieurs , qui jugent mal des corps extérieurs et des rapports qu'ils doivent avoir avec eux ? Rien n'est plus commun, ainsi il y en a qui se font un monde à eux , qui ont des hallucinations ; du reste, Messieurs, il ne faut pas s'en étonner, car dans nos rêves , nous nous faisons de ces mondes à nous, nous entendons des sons , qui cependant ne sont pas proférés , nous avons des hallucinations, etc. ;

3° L'office intellectuel qui consiste à nous faire juger , et à nous faire chercher une cause à tout phénomène ; l'instinct de causalité est tout aussi impérieux que l'instinct de conservation; eh bien! vous verrez beaucoup de fous , chez lesquels cet instinct est perverti ;

4° Enfin , le quatrième et dernier office, ce sont les affections de famille , les sentiments de pitié , d'amour , enfin tous les sentiments du cœur ; de plus , le sentiment du juste et de l'injuste ; le sentiment qui nous fait reconnaître un créateur , et qui nous donne des idées religieuses ; ce sentiment sublime , qui porté à son plus haut degré , a fait dire , fais le bien pour le mal ; eh bien ! certes , vous trouverez des fous chez lesquels cet ordre de faculté sera perverti ; les fous par folie religieuse , sont très nombreux par exemple.

C'est en examinant l'aliéné , sous chacun de ces quatre offices intellectuels, c'est par cette enquête qu'on pourra reconnaître les formes si diverses de la folie.

Il y a de ces perversions de sentiments qui viennent soudain et qui cessent par l'accomplissement de l'acte vers lequel on a été poussé , je crois en conscience que de telles altérations de sentiments existent, et voilà la preuve que j'en donne : il est tout-à-fait contraire à la nature de l'homme de se détruire ; eh bien , il y a des altérations mentales où on est tenté de se tuer ; quelquefois on résiste longtemps ; mais quelquefois aussi cette manie arrive tout d'un coup , sans que l'homme s'en aperçoive ; eh bien ! maintenant supposez qu'au lieu de la manie du suicide , ce soit celle de l'homicide, qu'au lieu d'être tenté de se tuer, on soit tenté de tuer un autre homme : c'est sur ce point qu'il est important de bien examiner ; il faut tout connaître dans ces cas, car l'expert n'est pas comme le juré ; ce dernier n'a pas besoin de motiver sa conviction, l'expert au contraire est obligé de le faire.

Entrons donc en matière : en général, dans la folie, le trouble ne porte guères que sur les fonctions intellectuelles et affectives ; les fonctions organiques et les sensations externes s'exécutent normalement. Cependant cela n'est pas constant ; ainsi il y a quelquefois obtusion, d'autres fois il y a exaltation d'un ou de plusieurs sens, tantôt c'est l'ouïe, la vue, le goût, le toucher, l'odorat. M. Esquirol croit qu'on a exagéré l'insensibilité des fous à l'impression des agents extérieurs, aux vicissitudes atmosphériques : il y a des aliénés que l'on coupe, que l'on pince impunément; M. Esquirol cite un aliéné qui mordait constamment son doigt, comme si c'eût été un aliment, il cite aussi une jeune fille qui avait fini par se perforer la joue en se grattant avec son ongle.

Bien qu'en thèse générale, les sens externes soient rarement lésés, cela peut cependant se rencontrer : dans ces cas, le cerveau est excité, ou bien il ne l'est plus par les agents extérieurs. Dans les altérations des sensations extérieures, c'est le centre qui est lésé.

M. Esquirol appelle fausse perception ou illusion des sens, les aberrations des aliénés qui se trompent sur les impressions des sens. C'est le cerveau qui, dans ce cas, juge mal, tire de fausses interprétations ; les exemples en sont très nombreux : ainsi, M. Esquirol a vu un militaire qui prenait chaque piqûre qui lui était faite par un brin de crin ou de paille de son lit, pour autant de morsures d'un oiseau de proie ; rien n'est plus commun que de voir des fous prendre pour autant de voix le moindre bruit qu'ils entendent. M. Esquirol cite un homme qui prenait pour autant de diamants les grains de sable d'un jardin ; beaucoup d'aliénés ne peuvent ni lire ni écrire, parce qu'il leur semble que les lettres sont en mouvement.

Il y a deux causes de ces fausses perceptions, l'état anormal de l'organe qui perçoit, et l'état du cerveau ; la première est la plus rare, si même elle existe ; mais je crois que la véritable cause réside dans le cerveau ; les fonctions des sens ne sont pas renfermées dans l'organe ; il faut impression de l'organe, transport à l'organe percevant, et sensation du cerveau.

L'heure étant avancée, je continuerai dans la prochaine leçon.

QUINZIÈME LEÇON.

7 mai 1886.

MESSIEURS,

J'ai dit dans ma dernière leçon que la perversion des facultés intellectuelles, appelée *folie*, n'était pas plus une que les autres altérations de l'esprit que nous avons déjà étudiées, qu'elle n'était pas plus une que l'idiotisme et l'imbécillité ; c'est-à-dire qu'elle pouvait se présenter sous des formes excessivement variées.

Nous avons vu qu'on appelle *folie générale*, celle qui porte sur toutes les facultés, qui altère toutes les facultés ; qu'on désigne, au contraire, sous le nom de *folie partielle* celle qui n'atteint que quelques-unes de ces mêmes facultés ; enfin, nous avons dit qu'on avait donné le nom de *monomanie* à celle qui ne porte que sur un seul objet ; je vous ai dit, cependant, que le mot *monomanie* n'était pas seulement applicable à un individu qui délirait sur un seul objet, mais qu'on pouvait l'appliquer à certaines folies générales, dans lesquelles il y avait en outre un point sur lequel le malade délirait bien plus que sur tout autre ; qu'il y avait alors, un sentiment invincible, vers lequel le fou était irrésistiblement entraîné.

Nous avons vu , en outre, que tantôt la folie n'avait altéré que les facultés affectives ; que cette folie avait été nommée *manie sans délire ;* que c'était une perversion des facultés affectives sans désordre de l'intelligence ; que dans ce cas le malade connaissait la moralité de l'action qu'il commettait, mais qu'il y était entraîné par une force invincible ; qu'il lui était impossible de ne pas commettre cette action : c'est à cette sorte de folie qu'on peut rapporter la manie homicide, la manie du suicide.

Je vous ai dit que dans l'impossibilité où nous nous trouvions de présenter un tableau psychologique de la folie , il fallait faire une enquête de toutes les facultés, et je vous ai dit que, dans ce cas, il serait peut-être préférable d'interroger le fou de manière à découvrir lequel ou lesquels des quatre offices, qu'ont à remplir les facultés intellectuelles ou morales, étaient atteints , lésés par le mal ; et nous avons vu que ces quatre offices étaient :

1° La conscience du moi, et nous avons vu que beaucoup d'aliénés avaient perdu la conscience du moi, le souvenir de leur existence, de leur nom , etc. 2° Le second office intellectuel est celui par lequel nous nous mettons en rapport avec les corps extérieurs ; nous avons vu aussi combien la partie de l'intelligence qui préside à cet office est souvent altérée ; engageant de suite les sens externes , nous avons dit que le plus ordinairement ils exercent leurs fonctions, qu'ils perçoivent, qu'ils sont excités par leur excitant naturel , que daus ce cas la perversion tient moins à une lésion des sens externes qu'à une lésion du cerveau. Enfin , je vous ai déjà entretenu des fausses perceptions et des hallucinations ; nous nous sommes entretenus des premières , et nous avons vu que dans ce cas les sens étaient impres- sionnés, mais que l'impression était mal analysée par le cerveau, et j'en ai cité plusieurs exemples ; arrivons donc maintenant aux hallucinations.

On appelle *hallucinations* l'état d'un aliéné qui croit recevoir pas ses sens des impressions qu'il ne reçoit réellement pas et qui se crée, pour ainsi dire, un monde à lui. Dans les fausses per- ceptions les sens étaient reellement impressionnés, l'aliéné n'errait qu'en ce qu'il portait un juge- ment contraire à la vérité; dans les hallucina- tions , au contraire, le sens n'est pas impres- sionné ; ce sont des impressions, des sensations exclusivement cérébrales, et à l'existence des- quelles il croit ; c'est le phénomène du rève , se passant dans l'état de veille; ainsi dans les rèves , et vous le savez, on se crée un monde extérieur, qui n'est qu'un enfantement du cerveau ; eh bien ! ce qui arrive pendant le sommeil, chez un homme en état de santé , arrive chez l'aliéné, pendant la veille.

Les hallucinations peuvent porter sur un ou plusieurs, ou tous les sens à la fois.

Les hallucinations de la vue et de l'ouïe sont les plus fréquentes ; viennent ensuite celles du gout et de l'odorat, et enfin en dernier lieu, celles du toucher.

Les hallucinations s'observent même chez des individus qu'il est impossible de considérer comme fous ; ainsi Pascal, Le Tasse, Luther avaient des hallucinations ; l'un croyait être constamment sur le bord d'un précipice ; Le Tasse avait des conversations avec un génie particulier ; enfin Luther se croyait toujours avec Satan.

Comme exemple des hallucinations, je citerai un fait plus récent, c'est celui du nommé Martin, qui, en février 1816, crut voir l'ange Raphaël qui venait lui donner une mission pour Louis XVIII, qui le reçut le 2 mai.

Il y a à la Salpêtrière, une salle spéciale destinée aux folles qui ont des hallucinations ; elles sont constamment occupées les unes à s'entretenir avec Dieu, les anges, etc. M. Leuret cite une femme qui se croit tourmentée par des diablotins ; et chez cette femme tous les sens sont en proie à ces hallucinations.

Ces hallucinations, tantôt l'aliéné les reconnaît pour des prestiges trompeurs ; mais, d'autres fois il les croit comme des réalités.

Un des faits les plus remarquables, c'est que les personnes qui présentent ce phénomène croyent qu'une sensation de bruit accompagne leur pensée ; ils s'entendent penser, ils prétendent même que les autres les entendent penser ; ils croyent que le secret de leur ame est ouvert à tout venant ; de plus ils ne distinguent pas leurs pensées de celles des autres ; il y a un choc continuel de leurs pensées, et ils sont menés par toutes ces pensées là à s'entretenir seuls , croyant répondre à plusieurs personnes à la fois.

Les médecins ont différé sur la question de savoir si le phénomène des hallucinations se produisait exclusivement dans le cerveau , et si l'organe extérieur du sens n'y participait pas. M. Foville , médecin de la maison centrale des aliénés , à Rouen , et dont nous avons déjà parlé , dit que le plus souvent l'hallucination est un phénomène purement intellectuel , mais que quelquefois le sens y participe. Je ne saurais admettre cette opinion , et je pense qu'il est purement cérébral.

Les hallucinations se produisent , en effet , ordinairement pendant la nuit ; elles sont donc plus fréquentes pendant le repos des sens : en outre , on cite des exemples de personnes qui avaient des hallucinations et qui étaient privées de l'usage du sens halluciné. Charles Bonnet a conservé l'observation d'une aveugle qui avait des hallucinations de la vue.

Maintenant , quels sont les faits qui ont pu faire présumer que les sens avaient quelque part dans les hallucinations ? On s'est fondé sur ce que les hallucinations n'étaient plus produites en empêchant le service du sens ; une autre raison , c'est que l'on avait d'autant plus d'hallucinations qu'il y avait des altérations de l'organe qui recevait la sensation ; ainsi pour les hypocondriaques chez lesquels il y a lésion des organes abdominaux et qui croient à la présence dans leurs organes d'animaux , etc. C'est à raison de ces faits qu'on a cru que le sens avait quelque part à l'hallucination. M. Esquirol cite une femme qui croyait avoir un diable dans le ventre ; elle était en proie à une péritonite chronique ; M. Foville rapporte qu'un individu croyait ne pas avoir de corps ; cet homme avait une paralysie générale du sentiment : un autre croyait être mort depuis la bataille d'Austerlitz.

Malgré ces faits je ne crois pas que l'organe ait part à l'hallucination ; je pense, je le répète, que c'est un phénomène purement intellectuel.

Toutefois, Darriug pense qu'il y a inflammation de l'extrémité périphérique du nerf de l'organe, qui est le siége de l'hallucination ; M. Foville croit que c'est dans les nerfs qui sont placés entre l'organe du sens et le cerveau.

Enfin M. Esquirol pense que les hallucinations sont purement intellectuelles ; il les considère comme des rêves ; c'est même lui qui a substitué au mot de vision par lequel ou désignait le phénomène qui nous occupe, celui d'hallucination ; car le premier était impropre, car il ne pouvait littéralement s'appliquer qu'aux hallucinations qui affectaient la vue.

Toutefois, ainsi que je vous le disais, dans un petit nombre de cas les fous ne croient pas à la réalité de leur hallucination ; mais le plus souvent ils y croient, car, il est très difficile de leur faire perdre cette croyance; et je dois ajouter que les fous à hallucinations sont les plus dangereux ; ils commettent des actes très dommageables pour eux ou les autres.

Dans les temps anciens on a brulé beaucoup de sorciers, de possédés, qui n'étaient autres que des fous à hallucinations ; du reste, elles portent sur des objets très divers ; mais le plus souvent sur des objets religieux, sur la police ; on a voulu les expliquer par la mémoire, l'imagination, mais il faudrait pour cela qu'on eut reçu antérieurement des impressions semblables à l'hallucination. Enfin quelques malades conservent le souvenir de leurs hallucinations.

J'avais omis de vous dire aussi que le sens peut conserver son exercice normal pour toute autre chose que l'hallucination.

On a donné le nom de *visions*, *d'incubes* aux phénomènes dont nous parlons, quand ils ont lieu pendant la nuit. Les phénomènes des visions ne sont pas plus rares que ceux des hallucinations. Sans rechercher si les bases de la religion catholique sont des miracles, ou des visions, sans m'y arrêter plus longtemps, je puis dire, que toutes les visions des possédés des xvᵉ et xviᵉ siècles sont des phénomènes du genre de ceux dont je vous parle.

Pendant longtemps ces phénomènes avaient été attribués à l'intervention de causes surnaturelles, et bien qu'Hippocrate ait nié les maladies par cause surnaturelle, l'ignorance et le fanatisme y faisaient encore croire ; l'église avait institué des pratiques pour délivrer les possédés.

On brula dans l'intervalle de seize années, et rien que dans la Lorraine, neuf cents possédés ; quatre-vingt-deux à Rome dans une année. Il suffit, pour bien se convaincre que ces malheureux étaient des aliénés, de réflechir qu'ils décrivaient eux-mêmes ce qu'ils voyaient au sabbat; venaient eux-mêmes se dénoncer aux magistrats, et allaient avec joie au supplice pour se débarrasser, disaient-ils, du démon. C'était certes une erreur que de croire aux possessions; mais ce n'était pas une erreur que d'être possédé; car ces malheureux étaient de véritables fous. Du reste, de très bonne heure, même parmi les premiers personnages de l'église, on a cru que c'était une acte de folie : « ou ces choses sont très fausses, ou bien elles sont très rares », a dit St. Augustin.

Très souvent les individus à vision ne présentent dans l'état de veille aucune hallucination; ils agissent d'après l'impression que leur a laissé leur vision.

Il n'est aucun peuple dans la religion duquel on admette l'existence d'êtres surnaturels intermédiaires entre l'homme et la divinité : je n'en prends d'autre preuve que celle des anges, etc.

Je ne m'étendrai pas davantage sur ce sujet; avant de passer aux aberrations de la conscience du moi, voyons ce que peuvent sentir intérieurement les individus, qui ont des hallucinations; chez eux les sensations organiques sont ordinairement intactes; mais, quelquefois aussi, elles sont perverties : la faim, la soif peuvent être portées très loin, il y a une sorte de boulimie; d'autre fois, au contraire, ces deux sensations sont nulles; j'ai connu un aliéné qui était resté dix-sept jours sans manger, on ne parvint à lui faire prendre des aliments que par la force; il arrive quelquefois qu'ils disent n'avoir la sensation d'aucun des actes organiques , par exemple des excrétions ; ainsi j'ai connu une femme qui avait la manie de garder ses excréments avec le plus grand soin , et qui disait qu'elle n'avait pas de garderobe. Les uns sont sans cesse en mouvement, d'autres restent immobiles : la respiration présente des variétés; ainsi les uns sont haletants, d'autres ont la respiration parfaitement libre et caline; le sommeil présente des bizarreries; ainsi l'insomnie est très fréquente chez les aliénés : ce n'est qu'en raison du dérangement des facultés intellectuelles que ces phénomènes se présentent dans les sensations internes.

Ces mêmes sensations peuvent être le siége de fausses perceptions et d'hallucinations ; ainsi , Ambroise Paré parle d'un hypocondriaque qui croyait avoir une grenouille dans l'estomac ; Ambroise le guérit par un vomitif, en plaçant une grenouille dans le vase qui recevait les matières vomies : les sens internes sont donc comme les externes susceptibles d'hallucinations.

Il me suffit pour arriver aux aberrations du moi de vous dire que puisque les aliénés peuvent avoir de fausses perceptions intérieures et extérieures, il est facile de concevoir qu'ils peuvent présenter des perversions dans le moi; il est en effet fréquent de voir des fous qui se croient Dieu , etc. C'est dans ces cas qu'on voit des désordres se présenter dans toutes leurs actions.

Je passe donc maintenant aux aberrations qu'ils peuvent présenter dans l'appréciation de leur moi, ainsi, j'ai déjà cité l'observation d'un homme qui se croyait mort depuis la bataille d'Austerlitz; il n'est pas très rare d'en voir qui croient ne pas avoir de tête, ou être d'un sexe opposé au leur, etc.

D'autres ont oublié leur nom; on en vit un qui ne voulait pas approcher du feu parce qu'il se croyait transformé en beurre, d'autres se croient transformés en bête, exemple Nabuchodonosor; cette sensation particulière des fous qui se croient transformés en bêtes a reçu le nom de *lycanthropie*.

Dans le xv⁰ et le xvi⁰ siècles ce genre de fous, auxquels ont a avait donné le nom de loup-garous, était très nombreux; ainsi Jean Grenier se croyait transformé en loup; en 1641 un homme de Padoue se croyait transformé en bête féroce, et quand, pour le persuader qu'il se trompait, on lui faisait remarquer qu'il présentait la peau d'un homme, il disait qu'elle était retournée et que les poils étaient en dedans.

Je suis persuadé que les monomanies homicides de nos jours, répondent aux loup-garous de ce temps. Voilà ce que j'avais à vous dire sur les hallucinations et sur les aberrations que peuvent présenter les deux premiers offices intellectuels; dans la prochaine séance nous nous occuperons des aberrations des facultés productrices d'idées.

SEIZIÈME LEÇON.

10 mai 1836.

Messieurs,

Vous savez que toutes les fois qu'il s'agit d'apprécier l'état mental d'un individu, on explore l'état des sens externes, les sens internes, les facultés intellectuelles et les facultés affectives.

Nous avons traité les deux premiers points dans notre dernière leçon ; à l'occasion des aberrations que peuvent présenter les sensations extérieures nous vous avons parlé des fausses perceptions et des hallucinations ; dans le second chef, c'est-à-dire à l'occasion des sensations internes, nous avons vu les aberrations que peut présenter la conscience du moi ; voyons aujourd'hui les aberrations que peuvent présenter à notre observation les facultés intellectuelles et les facultés affectives ; puis nous passerons à l'examen de la physionomie.

Les facultés intellectuelles sont celles qui nous font créer les idées ; on ne sait rien du monde extérieur sans les idées : il n'y a pas moins de perversions dans les facultés intellectuelles que dans les deux premiers offices que nous venons d'examiner ; c'est, en effet, surtout dans ces facultés et les affections qu'il y a le plus souvent aberration. Ainsi vous aurez à examiner dans quel état se trouve la mémoire d'un aliéné? Jusqu'à quel point son attention peut elle se fixer ; se rend-il compte des évènements, en connait-il les causes? A-t-il encore l'instinct de causalité? Les arts, les sciences, en un mot tout ce qui fait que la nature lui appartient sont-ils encore appréciés par lui?

Tantôt son attention n'est pas susceptible de s'arrêter, elle va d'un objet à un autre ; d'autre fois, au contraire , elle est constamment fixée sur le même objet ; et il est impossible de la détourner de ce point : on en peut dire autant de la mémoire ; tantôt il oublie tout, et en fort peu de temps , d'autre fois il se rappelle des choses fort éloignées. Les jugements présentent de semblables perversions ; soit que le cerveau tire de fausses déductions de leurs prémices ; soit , au contraire, que ces jugements soient bien la déduction logique de ces mêmes prémices : en effet nous avons vu qu'il y avait des fous qui raisonnaient, selon toutes les règles de la logique, si l'on admettait , comme vraie, leur idée délirante : enfin l'imagination est de même : les uns se créent des fantômes , d'autres , au contraire, sont continuellement dans un état de torpeur.

Dans les différents talents, dans la musique , la poésie , on rencontre beaucoup d'aberrations ; il n'est pas rare de voir des fous qui manifestent pendant leur folie des qualités mentales qu'ils ne possédaient pas pendant leur état de santé. Enfin si vous voulez réfléchir au nombre considérable

(135)

des facultés intellectuelles qui font l'apanage de l'homme ; si vous refléchissez, en même temps , qu'il n'est aucune des ces facultés qui ne puisse être l'objet d'une aberration , vous comprendrez qu'il est impossible de vous en tracer le tableau.

Ainsi il y en a chez lesquels les idées s'associent sans régularité aucune , qui mêlent une idée avec d'autres ; ces fous sont les fous *incohérents*. Dans l'état normal les idées s'enchainent et forment des jugements qui sont en rapport avec elles ; dans la folie , au contraire , cet enchainement des idées n'a pas lieu ; il y a delà un langage sans suite, des cris, des pleurs, et des rires sans motifs et tout à la fois ; le fou profère le commencement d'un mot et termine par la fin d'un autre mot , il profère des sens vocaux dans lesquels on ne peut reconnaître la formation d'un mot ; tantôt son langage et ses discours sont tristes quand les objets qui les font naître sont de nature à l'égayer , et que sa physionomie exprime la joie ; d'autre fois c'est le contraire : il y a incohérence dans le langage , les actes , et l'expression de la physionomie.

Cette dissociation dans les idées , que nous présentent les fous , doit être bien distinguée de celle qu'on observe dans la démence ; dans ce dernier cas, en effet, elle est due à l'affaiblissement de l'esprit.

Il y a maintenant une autre forme de folie ; c'est celle des fous *harangeurs ;* chez ceux là il y a une idée fixe délirante , mais d'après laquelle ils ordonnent tous leurs jugements ; ainsi tous

les jugements qu'ils portent se rapportent à
cette idée : on peut ranger dans cet ordre ceux
qui ont la manie des accusations ; ceux qui ac-
cusent toutes les personnes qui les entourent , et
ceux là sont très nombreux dans les maisons
d'aliénés ; ils portent des accusations , contre les
directeurs, les surveillants , etc. M. Leuret cite
un fou qui dénonçait tout, comme une cons-
piration contre les Bourbons, avec une puissance
de raisonnement extraordinaire. Enfin une troisième forme est la manie ; dans ce cas il y a folie
avec fureur ; c'est cette espèce de folie qui a fait
naître l'article 489 du code civil , dans lequel il
est dit : « le majeur qui est dans un état habituel
d'imbécillité , de démence ou de fureur doit être
interdit, même lorsque cet état présente des intervalles lucides : » ici le mot fureur remplace
le mot folie.

Nous arrivons enfin au quatrième point, aux
aberrations que peut présenter le quatrième office
des fonctions intellectuelles; ce sont les perversions des facultés affectives , des sentiments
d'amour , de respect , de religion , etc. Les fous
chez lesquels on observe ces perversions sont
très nombreux ; en effet, il n'y a aucun des sentiments du cœur humain qui ne soit susceptible
d'être perverti ; tantôt il y a nullité d'un de ces
sentiments, il est entièrement aboli, ainsi l'instinct
de conservation , si naturel à l'homme peut être
tout-à-fait anéanti ; d'autre fois , au contraire ,
ces sentiments sont portés très haut, la pitié, l'orgueil ; ainsi quelquefois on voit des fous qui

prennent en commisération des choses qui ne sont pas susceptibles d'en inspirer aux autres hommes. Chez d'autres le sentiment de l'orgueil est porté très haut, ils se croient Dieu, empereur, roi, et ils exigent des autres hommes, vénération, respect, etc.

Passez en revue tous les sentiments du cœur humain, et vous verrez qu'il n'en est aucun qui ne puisse être ou perverti, ou anéanti, ou exalté maladivement. Ainsi les uns sont continuellement dans la crainte de la damnation, et s'abîment dans le jeûne et les macérations. Vous sentez bien que je ne puis maintenant m'arrêter à chacune des perversions que peut présenter ce nombre considérable d'affections du cœur humain ; nous en parlerons à l'occasion de quelques monomanies. Je n'ai pas besoin de vous dire que les facultés perverties sont ordinairement celles qui faisaient le fond du caractère de l'individu, avant qu'il ne fût atteint de folie. M. Belhomme, que nous avons déjà plusieurs fois cité, dit, dans la localisation qu'il a faite de la folie, l'avoir constaté plusieurs fois par l'expérience, et avoir vérifié ce fait par des recherches phrénologiques.

Tel est un tableau, incomplet sans doute, mais enfin suffisant pour notre objet, sur les différentes variétés que peuvent présenter les aliénés.

Mais un point que j'ai déjà signalé, et sur lequel il faut que je revienne, c'est sur celui-ci : il arrive quelquefois que les aliénés raisonnent juste, avec beaucoup de logique ; la plupart ne s'aperçoivent pas qu'ils sont dans une maison de fous ;

il y a cependant beaucoup d'actes intellectuels
et moraux qui s'accomplissent chez eux normalement ; il est des fous qui apprécient leur folie ;
d'après M. Esquirol, l'entendement, chez eux,
n'est pas perverti ; leur volonté est entraînée par
le sentiment délirant ; ils combattent ce sentiment, mais le plus souvent ils sont vaincus. Il y
a aussi cette particularité qu'il y a des fous qui
ignorent leur état, mais qui raisonnent régulière-
rement en vertu de leur idée délirante ; ainsi ils
veulent à merveille en raison de leur délire, ils
raisonnent à merveille, avec logique, en raison
de leur idée délirante ; ils ne sont pas sans liberté
morale : cela est si vrai que quand ils sont guéris,
ils disent les motifs qui les ont fait parler et agir ;
presque tous conservent le souvenir de ce qui
leur est arrivé, et souvent ceux qui ne l'avouent
pas, le font par fausse honte, ils craignent
qu'on ne leur reproche les actes qu'ils ont commis. Voyez quelle ruse ils emploient pour arriver
à leur fin : il est donc impossible de leur refuser
quelque raisonnement ; un aliéné résiste à son
idée délirante pour ne pas encourir la punition dont
on le menace ; donc il n'est pas sans liberté morale. Cette liberté est moins grande sans doute
que chez l'homme sain d'esprit : il en est de
même en justice criminelle ; ainsi un aliéné, par
crainte de la pénalité qu'il encourt, nie l'acte dont
il s'est rendu coupable.

On a dit que le plus ordinairement un fou qui
avait commis une mauvaise action, s'en vantait,
qu'il ne fuyait pas pour échapper aux poursuites

dirigées contre lui ; cependant il n'en faut pas faire une règle générale, absolue, et c'est un tort dans les tribunaux. Vous verrez les magistrats invoquer ces actes d'intelligence, que nous avons signalés chez quelques aliénés, pour faire rejeter l'aliénation ; c'est donc à vous, médecins, à examiner attentivement, et à déclarer s'il y a ou non folie.

Pour terminer, il me reste à vous dire quelques mots sur les phénomènes expressifs.

A chaque impression qu'éprouve l'homme, il se manifeste des phénomènes extérieurs qui font connaître à ceux qui l'entourent ce qu'il éprouve. L'homme ne peut pas éprouver de mouvements intérieurs, sans qu'il se manifeste des mouvements extérieurs qui révèlent ce qui se passe dans son cœur, ce qui se passe en lui. Les fous nous présentent aussi ces phénomènes : ainsi, voyez la physionomie d'un fou atteint d'une manie furieuse ; voyez celle que présente un fou dont les idées sont concentrées : il y a ordinairement la plus parfaite corrélation entre la prosopose, l'expression de la physionomie et l'état intérieur de l'ame ; ainsi il arrive souvent qu'un médecin ne peut reconnaître un fou après sa guérison. Ce que je viens de dire de la figure peut aussi s'appliquer à la pose, à la voix, à la parole, aux gestes : les uns sont silencieux, taciturnes, on ne peut leur faire prononcer une seule parole ; d'autres babillent constamment, il en est qui profèrent des hurlements ; chez les uns, ce babil que nous venons de signaler, n'a ni suite, ni rapport avec quoi que ce soit ; chez d'autres, au contraire, il est parfaitement et toujours en rapport avec l'idée délirante.

L'écriture peut aussi fournir des documents précieux ; ainsi on aura à tenir non seulement compte de l'incohérence des idées et de la bizarrerie du style, mais la partie mécanique elle-même présentera des particularités importantes ; ainsi les différentes formes d'écriture se trouvent pêle-mêle ; ils écrivent tout à la fois en ronde, en bâtarde, en anglaise ; ils mettent des lettres majuscules au milieu d'un mot, mêlent de la prose et des vers, de la musique, du dessin, etc.

Les mouvements eux-mêmes doivent être examinés : ils sont aussi des phénomènes d'expression ; ainsi la démarche d'un homme fier, orgueilleux, diffère beaucoup de celle d'un homme modeste ; il est des fous qui restent accroupis, immobiles, d'autres courent, marchent constamment, vont et viennent toujours dans la même direction. En général, ils sont maladroits, cassent tout ce qu'ils touchent, et cela est d'accord avec ce que nous avons dit du défaut d'idées, puisqu'ils ne jugent plus bien des rapports qu'ils ont avec les objets extérieurs.

Tel est le tableau psychologique des perversions que peut présenter la folie ; encore une fois je n'ai pas la prétention de les avoir toutes rappelées, mais, je le répète, ce tableau doit être suffisant pour vous guider dans les expertises que peuvent demander les magistrats.

Avant de nous occuper des cas dans lesquels on

peut vous demander ces expertises, je vais vous présenter quelques détails sur les symptômes physiques, les causes, la marche, les complications et le traitement de la folie. Remarquez bien, Messieurs, qu'en médecine légale, vous avez à faire un diagnostic; il est donc nécessaire de vous présenter l'histoire des maladies qui peuvent devenir le sujet d'une expertise médico-légale; c'est ainsi que l'année dernière, j'ai fait un tableau très détaillé des blessures.

Voyons donc d'abord les symptômes physiques des fonctions organiques et nutritives; ces symptômes sont presque tous relatifs au cerveau : douleur de tête, insomnie, si cette insomnie n'est pas complète, il y a des rêves, excitation cérébrale en un mot; rougeur des conjonctives, du pavillon de l'oreille; chaleur à la tête, à la face, au front; battements des artères carotides et temporales.

On a dit que la folie était une maladie apyrétique, sans fièvre; cela n'est pas exacte, d'après M. Foville, qui dit avoir observé que le pouls des aliénés présente quatre-vingt à quatre-vingt-dix pulsations par minute. M. Ferrus, médecin des aliénés à Bicêtre, établissait dernièrement, dans une séance de l'Académie de médecine, que le cœur était ordinairement calme.

Souvent il y a dans le début un embarras gastrique, le plus ordinairement il y a de la constipation, de la salivation. J'arrive maintenant à la marche de la maladie. L'invasion est quelquefois subite, rarement cependant; quand, par hasard ,

elle revêt une de ces formes subites, et qu'elle dis-
paraît après l'accomplissement de l'acte qui la ca-
ractérise, comme dans les cas de monomanie
homicide, par exemple, vous devez concevoir
quelle difficulté il y aura à prononcer sur la moralité, sur la responsabilité de la personne soumise à l'expertise ; c'est par les antécédents qu'on
pourra résoudre la question.

Le plus ordinairement, la folie vient graduellement ; il y a une sorte d'incubation pendant
laquelle le malade sent venir son mal ; si on
l'observe avec soin, on voit survenir certains
désordres, et le plus ordinairement ces désordres
apparaissent d'abord dans les facultés affectives,
dans les habitudes physiques et morales ; quelquefois les malades ont des encéphalites, des
embarras gastriques, c'est ce qui avait fait dire
qu'elle siégeait dans le cerveau ou dans l'estomac ;
dans ce dernier cas, la folie n'a pas son siége dans
l'estomac, elle est symptomatique d'une affection
de l'estomac. C'est de là que M. le professeur
Broussais a distingué deux espèces d'incubation
dans la folie, une incubation cérébrale, et une
incubation viscérale : c'est, dans le second cas,
une maladie des viscères qui existe, et qui amène
plus tard la folie ; on a cru qu'alors elle existait
dans les organes de la digestion, l'estomac, les
intestins, etc. Mais il arrive souvent que cette
maladie productrice de la folie, a son siége dans
les organes génitaux, comme cela se rencontre
dans la nymphomanie.

La folie est souvent continue, d'autres fois elle

est intermittente ; ce second type se rencontre plus fréquemment dans la manie. Chaque accès présente les périodes qu'on observe dans la folie continue, et on peut en établir trois : une période qu'on peut appeler d'invasion, pendant laquelle, dans quelques circonstances, le malade sent venir son mal ; la seconde période est celle pendant laquelle le mal est à son summum, enfin une troisième période est celle dans laquelle il décroit. On voit des fous chez lesquels les accès apparaissent une fois par an, quelquefois plus souvent.

Pendant la durée de la folie, comme dans les cas où elle est continue, le malade présente de l'exacerbation et de la rémission ; il ne faut donc pas confondre la rémission et l'intermittence ; la rémission existe quand le malade est calme ; dans l'intermittence, au contraire, la maladie n'existe plus, elle a entièrement cessé, mais pour revenir à une époque plus ou moins éloignée.

Du reste, la loi a confondu ces deux états sous le nom d'intervalles lucides : ainsi quand dans l'article 489 du Code civil, le législateur a dit : « Le majeur qui est dans un état habituel d'imbécillité, de démence ou de fureur, doit être interdit, même lorsque cet état présente des intervalles lucides. » Il a voulu dire : même quand il présente des instants où la raison est revenue.

Quelle est la cause des rémissions et des exacerbations? Cette cause est toute entière dans la nature même de la maladie, qui ne permet pas qu'elle se présente toujours au même degré. On a remarqué que certaines circonstances influaient sur la rémission et l'exacerbation de la folie : ainsi il y a des époques où tous les fous d'une même maison sont plus agités ; on a , à cet égard, fait jouer un rôle important à la lune, et de là vient le mot *lunatique*, employé pour désigner certains fous ; M. Dubuisson croit à l'influence dont nous venons de parler ; M. Esquirol ne partage pas cette opinion ; l'influence de la menstruation ne peut être niée, ainsi quand cette fonction s'établit, ou bien quand elle cesse ; dans ce dernier cas surtout, son influence pour la production de la folie paraît être plus grande : enfin il est une autre influence, c'est celle qu'exerce l'atmosphère, etc.

La durée de la folie est très variable ; cependant quand la guérison a lieu, c'est ordinairement dans la première année, ou la deuxième qu'elle s'opère ; tantôt cette guérison se fait graduellement, les rémissions et les intermittentes (quand la folie est intermittente) sont plus longues, les accès sont moins violents ; d'autres fois, au contraire, la guérison est subite, elle se fait alors quelquefois par une forte commotion morale.

Dans la prochaine leçon, je terminerai les généralités, et je commencerai l'histoire des monomanies.

9 782329 301754